U0901820

超级育儿师

SUPERNANNY

CHAOJI YUERSHI

《超级育儿师》栏目组
兰 海 / 编著

图书在版编目（CIP）数据

超级育儿师 / 《超级育儿师》栏目组，兰海编著. —南宁：接力出版社，2014.12
ISBN 978-7-5448-3717-0

Ⅰ.①超… Ⅱ.①超… ②兰… Ⅲ.①儿童教育－家庭教育 Ⅳ.①G78

中国版本图书馆CIP数据核字（2014）第259120号

责任编辑：车 颖　　文字编辑：亢 莉　　美术编辑：卜翠红

责任校对：贾玲云　　责任监印：陈嘉智　　媒介主理：刘 平

社长：黄 俭　　总编辑：白 冰

出版发行：接力出版社　　社址：广西南宁市园湖南路9号　　邮编：530022

电话：010-65546561（发行部）　　传真：010-65545210（发行部）

http://www.jielibj.com　　E- mail:jieli@jielibook.com

经销：新华书店　　印制：北京盛通印刷股份有限公司

开本：710毫米×1000毫米　1/16　　印张：17.75　　字数：290千字

版次：2014年12月第1版　　印次：2014年12月第1次印刷

印数：00 001—20 000册　　定价：39.80元

目录
contents

目 录

六个月前，我接到一条私信，问我是否有兴趣参加一个真人秀的节目，我当时很坚决地回绝了，因为需要花费我两个半月的时间。两个半月，对于一个每天都和孩子父母打交道的教育者来说，是一段太长的时间。几天之后偶然的机会朋友提到中央电视台播过一档节目*Supernanny*。此时，我突然想到那天的电话。是一个节目吗？我好奇地看了一集，让我惊喜的是，育儿师进入家庭之后，首先做的不是解决问题，而是观察。这与我平时所提倡的观点一致，就是需要客观的观察，而非直接从父母那里获得结论。其次就是从全家人的角度解决问题，和父母探讨。最后才是解决问题的方法。这种思路让我感到非常兴奋，可面对我已经拒绝了的邀请，我需要做什么呢？就在这个时候，IPCN（节目版权方）的联络人又一次给我打来电话。从这个时候，我开始了这十一年来第一次面试，而且极其漫长。

经历了七次的书面沟通、面谈、视频会话和解决实际问题之后，我成了中国版的超级育儿师。而这时距我接到那条私信已经三个月了。

2013年9月5日，一个我永远无法忘记的日子，因为那本应是我兴奋地开始育儿师生涯的第一天，但却给了我前所未有的困难。而这样的困难，不仅仅在极短的时间内帮助孩子发生改变，更多的是如何与一个团队配合完成一次真实的拍摄。

首先是家庭的挑战，这种挑战更多的来自信任。前期导演的积极沟通让我们进入的困难减少了很多。可任何一个陌生的家庭要面对二十几个人在自己的家里安装设备，数日在摄像机下生活还是有很多的不适。而信任则是最难达到的，只有一天实地观察的时间就要找到孩子行为背后真正的原因，而这些原因都是父母意料之外的。我只有一个家庭会议的时间，通常三十分钟让他们意识到问题。只有建立在父母对待问题的认可上，我们才有可能继续后面的辅导，才有可能带来家庭的改变。

其次是拍摄的艰难。9月5日，第一个家庭的观察日，从上午八点进入家庭到凌晨两点结束采访，整整十八个小时的连续工作，强度已经完全超出我的想象，而这仅仅是开始，也是唯一一个我还能坐着观察的家庭，其余的家庭我都是站着完成一天的观察。

我对拍摄工作的无知给大家带来了巨大的麻烦。我不知道应该怎么拍摄，应该如何与现场摄制团队配合。我的不会站位让现场出现很多因为穿帮而导致后期无法使用的镜头，我不知道自己需要和摄像师配合，会在不给提示的情况下做任何事，其实他们只需要一个两秒钟的停顿就已经足够，而我却不知道。我的这种随意给摄像师带来了巨大的麻烦，想象一下，在一个二十平方米的孩子和父母共处的客厅，我的这种大幅度的动作让三个摄像师、一个录音师、一个现场导演怎么能够配合呢？所有我的这种不理解电视拍摄的技巧是所有人的障碍。我能从大家的脸上读出各种疲惫，而我则满是沮丧。这种超越了自己专业的困难带给了我更多的否定。

在第一个家庭的任务结束之后，我甚至萌发了退出的念头。而让我坚持下来的是结束第二天的总结会，七八个人围着我，导出我的视频资料，告诉我应该怎么站位，如何放松，如何与各个岗位配合。坦白说，当时大家说了什么我已经不记得，但是感受到的更多的是信任。也就是这样的信任让我坚持下来。

最后的挑战就是“变化”。时刻准备着，是这个团队所有人需要具备的态度。我们需要时刻准备着孩子的变化，时刻准备着父母情绪的波动，时刻准备着计划时间的变更。最后一个家庭就要开拍的前一天，所有人都不知道这个家庭在哪里。下午五点，我得到通知下一个家庭在天津，晚上九点，接到通知地址变更为杭州，晚上十二点，被告知有可能变为重庆。直到第二天上午八点，制片人敲开每一个房门告诉大家我们一个小时后去机场，家庭定在杭州。而已经提前出发却被叫停在湖北境内的灯光车终于可以向杭州前进了。

相比较我无法预知要面对哪一个家庭来说，选择哪一个家庭就更加困难了。因为节目组希望八个家庭都是在中国具有代表价值的，他们都不是单纯的某一个家庭，而是一个群体的代表。所以，我能理解下这样的决定有多困难。因为央视、IPCN和节目组要面对从这么多渴求帮助的家庭中去选择最适合拍摄的家庭，他们要拒绝，要说服，要决策，这是一个多么艰难的过程。

但是面对这些所有的挑战，能够安慰我的就是孩子的改变和父母的改变。“生活是最好的剧本。”这八个家庭真实得让我觉得太不真实。这样的真实需要勇气。而八个家庭的改变需要的是他们毫无保留的坦诚。面对这么多摄像机，面对数十天几乎毫无间隔的驻家拍摄，会暴露家庭中的每一个细节，让每个人的性格、行为、心理状态无处可逃。但是也只有让我看到、感受到这些真实的东西，才能发现真正的问题，才能帮助他们。所以，八个家庭的真实和勇敢才是让他们最后发生改变的前提，而“爱”才是引发这一切的原因，正是因为父母对于孩子的爱才让他们想改变，才能勇敢地把自己毫无保留地呈现。

这八个家庭是某一种社会现象的缩影，他们反映着中国父母对于生活的迷茫，对于教育的困惑。教育从来就不是单独存在的，它是一个社会问题，是一个文化问题。我解决问题的思路是从家庭成员的内心需求去发现问题，我们会发现全职妈妈、隔代家庭、海归家庭、多元文化家庭在面对孩子教育问题上的冲突和无奈，但是无一例外，在八个家庭中，都会发现以下共同的问题：我们缺乏对个体成长规律的了解，我们会单独地割裂孩子的问题，我们缺乏对孩子感受的理解，更可怕的是，每一个家庭都不知道孩子到底内心需要什么，都不知道如何与孩子玩。

家庭教育是个人成长过程中最基础也是最重要的部分，其他一切教育选择都源自家庭教育。我们每个人都没有办法选择谁当自己的爸爸妈妈，但是我们每个人都有机会选择要成为一个什么样的父母。而这是一个漫长而艰难的学习过程，因为它一定充满了自我否定和质疑，但是它又是一个充满希望的过程，因为父母的改变一定会带来孩子和家庭的变化。

兰 海

爱的保卫战

家庭小档

上海宝宝小米今年五岁。她有一双机灵的大眼睛，是个活泼可爱、讨人喜欢的小女孩。她还有个妹妹，叫纳米，今年一岁。姐妹俩与爸爸妈妈、爷爷奶奶一起生活。

但是爸爸妈妈却常常为小米头疼：脾气急躁，不好好吃饭，不好好睡觉，经常和妹妹发生争执。本来是希望两个孩子可以相亲相爱，如今却战事不断，爸爸妈妈手足无措了！是小米生性顽劣，还是大人的教育方法出了问题？超级育儿师兰海能不能扭转混乱的局面，让这个家庭从此变得和谐融洽？

育儿小问答

两个孩子发生争斗时父母应该怎么办?

A. 大的让着小的，大孩子就需要学会宽容。

B. 父母需要公平地判断对错。

C. 父母不需要发表意见，孩子嘛，过一会儿就好了。

姐姐一定要让着妹妹吗?

接到小米妈妈的求助后，超级育儿师兰海第一时间赶到了小米的家。

爸爸妈妈上班去了，接待她的是小米的爷爷奶奶。这是两个慈爱的老人。他们跟中国绝大多数老人一样，养大了儿子女儿，照顾孙子孙女又变成了他们生活的全部。经历了人生的大半儿岁月，他们对孙辈们更加宠爱。

对育儿师兰海的到来，爷爷奶奶很高兴，一边请兰海落座，一边让正在画画的小米过来打招呼。小米好奇地看着陌生的兰海，没有说话。

奶奶笑着说："你这个调皮的小姑娘，怎么害羞了呢？"

按事先约定的，育儿师兰海在一旁观察，爷爷奶奶像往常一样照顾小米和纳米。兰海很满意今天的状况，爸爸妈妈不在家，她正好可以观察一下隔代家庭是怎么相处和生活的。

小米管爷爷奶奶叫“喂”

“来啊——来啊——”小米大声尖叫着喊奶奶来陪自己画画，管他什么超级育儿师，小米才不在乎。这个家里，她要说了算。

“别嚷了，来了来了。”奶奶忙不迭地应着，放下手里的东西赶了过来。

“喂，你在这边画！”“喂，你在那边画！”小米像一个小将军，指挥着爷爷奶奶。对于小米的命令，两位老人总是报以宽容的微笑和无条件地服从。

很快，育儿师兰海发现一个问题：从头到尾，小米没有叫一声“爷爷奶奶”，只有一个字“喂”。只是爷爷奶奶习以为常，并不觉得有什么不对。不仅如此，对于小米任何过分的行为，两位老人最多温和地唠叨几句。

兰海意识到，这个调皮的小家伙嚣张的性格跟养育她的家人大有关系。

“开饭喽。”手脚麻利的奶奶准备好了丰盛的午餐。

“有小米爱吃的红烧排骨哦。”小米用手抓起一块，有滋有味地吃起来。

奶奶一边给纳米喂饭，一边和颜悦色地劝小米：“小米用筷子吃饭，好吗？”小米跟没听见似的，自顾自地吃。

奶奶耐心地劝：“小米啊，你还会不会吃饭了，怎么能用手抓呢？”爷爷很心烦，可是又舍不得说孙女。他看不下去了，端着碗到一边去吃，眼不见心不烦。

小米的调皮继续升级，饭吃到一半，又钻到桌子底下去了。

“吃饭怎么能钻到桌子下面呢？小米，快出来吃这个菜心。”

“不吃！”对奶奶的话，小米要么直接否定，要么跟没听见似的。奶奶没办法了。这边还有纳米更需要照顾，小米爱怎样就怎样吧。

小米吃饭做事随心所欲，没有规矩。在这个家里，没有人告诉她，规矩是什么；没有人告诉她，如果她不遵守规矩，她将要受到怎样的惩罚。

纳米高兴了，小米才能受到表扬

纳米在玩小电脑，小米也想玩。可是妈妈和奶奶告诉她：“小电脑是纳米的玩具，纳米不玩了，你才可以玩。”

小米不高兴了，为什么我就不可以先玩呢。我要说了算！她从纳米手中夺过了小电脑。

纳米哇的一声哭起来，两只小手用力地拍着桌子。

妈妈和奶奶一起教育小米："等纳米玩高兴了，就会给你玩，你看她都哭了！""你把小电脑给纳米送回去，你可以玩别的玩具。""小电脑是纳米的礼物，谁的玩具谁说了算啊！"

大人们的唠叨真烦。小米把小电脑还给了纳米。

这回小米得到了奶奶的表扬："小米，这就对了，你看纳米笑了吧！"

小米不明白，为什么一有纳米在，大人们都向着纳米。她必须让纳米高兴，才能得到表扬。妈妈会说："你是姐姐啊，姐姐得让着妹妹。"

姐姐就一定要让着妹妹吗？看着妹妹快乐地玩着小电脑，小米眼里噙满了泪花。

育儿师兰海有些担心，在这个家庭里，大人们对小米的评价并不是取决于小米做了什么，而是她做的事是不是让妹妹高兴。最糟糕的是，小纳米也开始用哭来表达她的情绪和需要，然后所有人都会偏向她，并且开始指责姐姐小米。这样下去，纳米会不会变成第二个随心所欲的小米？

没有人告诉小米，打人是错误的

育儿师兰海的观察还在继续。对小米的问题，她的心里越来越明晰了。

"妈妈，我什么时候可以玩小电脑呢？"小米等不及了。她感觉纳米玩了好久了，她嘟起了小嘴，"纳米不能一直玩小电脑啊。"

"纳米没有一直玩啊，她刚玩了一会儿。你先玩一个别的，你要让着妹妹。"妈妈说。

"我不想玩别的，我就想玩这个！"小米又从纳米手里抢过了小电脑。

妈妈生气了，收起了电脑："既然一玩就吵架，那你俩谁也不要玩了！"

小电脑真的被收走了，我还没玩呢，又气又急的小米放声大哭，怎么有纳米在，自己想玩小电脑就那么难！她狠狠地推了纳米一把，都怪你这个讨厌鬼！

纳米也大哭起来。一时间，家中乱作一团。

小米妈觉得自己要崩溃了。除了把两个孩子分开，避免打架继续，她不知道自己还能做点什么。

育儿师兰海越来越觉得，这个家庭中，是大人在管理和教育孩子的方式上出了很大的问题。游戏过程中，没有给孩子制定合理的规则。打架发生后，也没有谁指出小米的行为是错误的。

时间可以平复争端。混乱终于过去，小米妈可以喘口气了。看着两个可爱的女儿各玩各的，她很享受这短暂的和谐，心里重新洋溢起幸福感。

工作了一天的小米爸回到家，开心地跟育儿师兰海和两个宝贝女儿打招呼。小米爸很温柔，他从来舍不得跟女儿们大声说话。小米很喜欢爸爸。

可能知道自己犯了错误，小米很乖，很安静。她凑到爸爸身边，小声地说：“爸爸，纳米打我了。”

小米爸故作吃惊的样子：“纳米打你了哦？真的假的，可不能说谎哦！”

小米不好意思了：“假的。是我打纳米了。”

小米爸笑着惊呼：“啊，你打妹妹了啊！”

不知道一家人是对小米说出真话很满意，还是都很享受这短暂的和谐时光，不想去破坏，这件事就在小米爸爸的笑声中过去了。

育儿师兰海认为，作为家长，小米爸爸至少应该说“小米你这样做是错的”。但是他没有。全家人给她的感觉都是在开玩笑的过程中看着一件不该发生的事情去发生，然后又用一种哈哈笑的状态去接受它。这怎么能帮助小米建立正确的规则意识呢？

艰难的入睡过程

育儿师兰海清醒地意识到，小米的行为并不是问题的症结所在，寻找行为背后深藏的心理原因和来自大人的原因，才是解决问题的关键。

晚上九点半，小米该上床睡觉了。

小米最喜欢这个时候，因为可以跟爸爸玩游戏，而且是爸爸陪她一个人玩，没有纳米来抢爸爸哦。

游戏有点刺激，小米装成大怪兽的样子，发出怪异的声音："我要吃掉你的孩子。"小米爸和小米玩得不亦乐乎，小米笑声不断。

小米很享受跟爸爸独处的时光。这满足了小米对爸爸的爱的需求。只是，小米的爸爸妈妈有没有想过，睡前玩这种刺激的游戏是不是不太合适?

五岁的孩子晚上九点就应该入睡的。小米的睡觉时间原本就晚，睡前的极度兴奋又会造成她入睡困难，最终导致睡眠时间缺乏，这对小米的身体发育是不利的。

游戏过后，小米还要妈妈给讲故事。一个、两个、三个……不讲小米就会哭闹。小米的爸爸妈妈对此很无奈，小米的哭声让他们很心疼，他们经常忍不住又答应了小米的要求。

今天晚上，妈妈按时让小米自己睡。小米折腾了好久也没有睡着。她一趟趟从屋里跑出来，又被妈妈一趟趟劝回去。就这样整整折腾了一晚上，小米、爸爸、妈妈三个人都已疲惫不堪。

观察了一整天，超级育儿师兰海虽然很疲惫，但心里却很高兴，她终于找到了小米问题背后的真正原因。

- 爸爸妈妈内心充满了对小米的歉意，认为纳米的到来让小米的爱被分走，于是不舍得对小米提出要求，对小米的各种无理要求也只有放纵。
- 两代人的教育观念冲突让孩子不在同一规则内，也导致妈妈处理问题时无法建立内心规则和自信。
- 孩子的行为折射出整个家庭隐藏的问题，是整个家庭系统的不协调导致了孩子的种种行为。

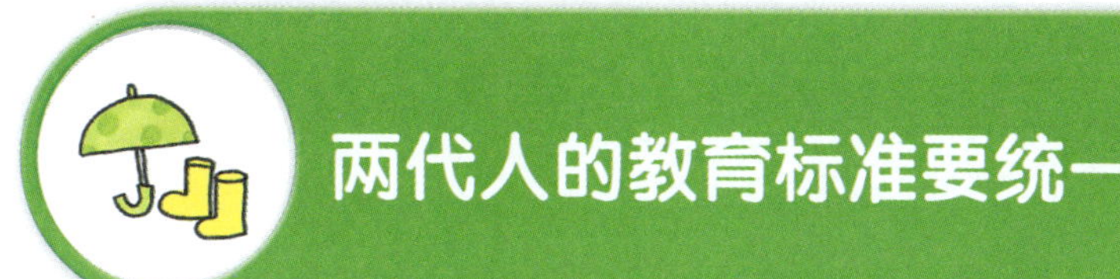

两代人的教育标准要统一

小米妈在这个家庭中压力最大：作为一个深爱女儿的妈妈，她向任性的小米妥协，作为一个明事理的儿媳，她又要向爷爷奶奶妥协。

对于小米的顽皮，爸爸妈妈开始也是严加管束。只是老人心疼孩子，对儿媳管教孙女非常生气，要么摔门而去，要么关在房间里哭。

跟兰海说起这些，小米妈一脸的无奈和不忍。老人岁数大了，辛辛苦苦来帮自己带孩子，真不忍心惹他们生气。折中之下，妈妈和老人之间达成了共识：谁带的时候用谁的办法，互不干涉。

兰海很理解小米妈的苦衷：一边是调皮任性的女儿，一边是溺爱孩子的老人，夹在两代人之间，小米妈承受了巨大的压力。只是，**没有统一的教育标准，再用心的教育也是无效的。**小米妈以为她的妥协换来的是婆媳之间的和谐，其实，她最终妥协掉的是小米的健康成长。

 超级育儿师兰海召开了家庭会议

通过观察日的观察，超级育儿师兰海对这个家庭有了充分的了解。爸爸妈妈都很爱小米。只是因为纳米的存在，他们对小米的爱里多了愧疚的成分。愧疚的结果是，他们包容了小米的随心所欲，不知不觉陷入了溺爱孩子的轨道。

育儿师兰海决定召开一次家庭会议。她要帮着小米的爸爸妈妈正视自己的问题。

兰海首先提出了一个问题让他们思考："小米在很多环节都试图控制，这种控制会给她带来哪些危害？"

小米的爸爸妈妈若有所思，他们已经看到了这种控制带来的危害：小米任性，走极端，挑战父母的权威……

然后，兰海指出了更为严重的一点：没有谁可以永远做第一，这种控制会让小米在成长的道路上承受更多的失败感。"小米不断地在推搡纳米，这让我觉得很可怕，你们没有一个明确的态度，指出对错，那小米怎么才能从你们的态度上去判断自己行为的对错呢？"

育儿师兰海的话让夫妻俩面面相觑，这是他们从来没想到的。

"小米对纳米的影响，纳米对小米的模仿，这个实际上是我最担心的。你们对小米任性的包容，这其实是一种溺爱。它已经把小米和纳米两个人分开了。

"在这个家庭里面我最同情的是小米。你们表扬她的过程都是'小米你做得真好，你让纳米开心了'。如果是我，我都要疯掉了，我做的一切都是为了别人。那种本能的爱没有了她才会去嫉妒。也正是因为如此小米才一定要做第一。"

兰海的话一句句敲打在小米妈的心上。她第一次认识到，导致小米问题行为的真正原因，竟然是自己无原则的爱。经常以为溺爱孩子是老人才会做的事，而自己居然在浑然不觉中给予了小米另一种形式的溺爱。

小米的爸爸妈妈决心改变，他们要帮着小米重新找回本能的爱。

全家一起制定家庭规则

超级育儿师兰海给这个家庭准备了一个叫作“家庭规则”的工具。她希望通过这个工具，让家庭中每一个人的生活都有自己的轨道。

家庭规则要全家人一起制定，只有经过全家人同意的规则，每个家庭成员才愿意接受它的约束。

家庭规则的制定过程可不是那么一帆风顺的。

爷爷首先表示：“这没啥必要。”老人从前在老家的时候，是当地教育孩子的楷模，周围的朋友啊、邻居啊，都认为他做得非常好，大家都向他学习。现在

家庭规则要全家人一起制定，只有经过全家人同意的规则，每个家庭成员才愿意接受它的约束

老人心里有疑问，他教育不好的孙女通过几个规则就能教育好了？

育儿师兰海为这个家庭制定了六条规则：**第一条是爸爸妈妈在家里有决定权；第二条是不要有任何的肢体冲突；第三条是一定要学会分享；第四条是每个人在没有吃完自己的饭之前不要离开座位；第五条是下午四点以后就不能再吃零食；第六条是每个人需要在规定的时间内睡觉。**

奶奶很认可第一条规则，一个家庭里要是没有一个人说了算，那还不乱了套。

小米爸对第四条提出了质疑，小米怎么可能做到吃饭时不离开自己的座位？他和小米妈在这个问题上跟小米斗争过太多次了，每次均以失败告终。

小米妈的心里也在敲鼓，育儿师兰海提到的几条规则，她以前也做过尝试。这次会有不同的结果吗？

兰海把六条规则写在了白色的纸板上，要求每一个人都在纸板空白处签上自己的名字，确认自己要遵守规则。爷爷抱着试试看的态度签上了名字。小米妈帮着纳米也签了名字。一切弄妥，小米爸把纸板贴在了墙上醒目的位置。

家庭规则真的能帮到这个家庭吗？

兰海解读

- 建立家庭规则是家庭改变的基础。一个家庭的改变并不仅仅单是孩子的改变，而是每个家庭成员的改变。
- 把教育的决策权交还给父母。
- 家庭规则是对全家人行为的基准要求，当我们要求孩子做到的时候成年人也得做到。

淘气椅是什么

制定规则并不难，难的是实践规则。育儿师兰海叮嘱小米妈，如果小米违反了“家庭规则”，就必须接受惩罚。只有这样，才能帮小米一点点建立起规则意识，从而实现规范小米行为的最终目的。

怎么惩罚呢？兰海给了小米妈一个法宝——淘气椅。

淘气椅是专门用来惩罚犯错误的小朋友的工具。它可不是一把普通的椅子，虽然看起来和家里的任何一把椅子没什么两样。它神奇在哪里——神奇在它的规则。

当孩子有了违规行为时，父母先给予警告。再次违规后，父母就会让孩子停止一切活动，坐进淘气椅，思考自己到底错在哪里。别以为坐淘气椅很好玩，不坐够规定的时间，是不能恢复自由的。时间到了，还必须承认错误，才能离开淘气椅。

坐的时间长短根据孩子的年龄而定。小米五岁，那就得坐够五分钟。

兰海告诉小米妈，当小米坐够了规定的时间，并承认错误后，妈妈要再次说明小米的错误，并且一定要拥抱小米，并且告诉她：“妈妈相信你！”这样小米就会感受到，妈妈只是否定了她的行为，并没有否定对她的爱。

小米妈按照育儿师兰海的要求，在屋子特定的位置放了一把淘气椅，她给小米讲了淘气椅的惩罚规则。尽管小米妈说得很正式，小米还是没把这个椅子放在眼里。妈妈以前也说过的，什么“不好好吃饭爸爸就不回家”“不好好睡觉妈妈就再不理她”，等等，从来没有兑现过，所以这一次小米才不会被吓住。

理解孩子的感受和情绪不代表接纳他们的一切行为。但是如何让他们意识到自己的错误呢？淘气椅是一个很好的选择，但是需要父母执行的时候按照步骤来做。很多人以为淘气椅是简单罚坐，实际不是。淘气椅能够给父母和孩子一个明确的规定，在很大程度上限制了父母的权力滥用，让父母冷静，也给孩子提供了冷静思考的机会。

兰海支招

淘气椅的使用规则

- 当孩子有不当行为，给予警告。
- 坐淘气椅的时间根据年龄段定，用椅子上的计时器计时。
- 孩子道歉，为自己的错误承担后果。
- 再次说明孩子的错误。
- 拥抱亲吻孩子，并说“相信孩子能做到”。

妈妈这次来真的了！

客厅里，小米妈陪着两个女儿玩钓鱼游戏。小米喜欢纳米手中粉色的钓竿，伸手就去抢。因为没有抢到，小米生气了，对着纳米大声尖叫。

小米妈严肃地批评小米：“小米，妈妈警告你一次，不许对着妹妹大喊大叫！”

为什么妈妈总是向着纳米？小米更加生气，她不理会妈妈的警告，不但折断了手中的钓竿，还狠狠地打了纳米一下。

“小米，我们是不是有一个规则，不能有任何肢体冲突！”小米妈惩罚小米坐进了淘气椅，“你自己想一想，哪里做错了！”

计时器开始计时，小米需要坐五分钟。小米才无所谓呢，她认为妈妈是在跟她开玩笑。她打了个呵欠，不玩钓鱼游戏就不玩吧，反正有点累了。

两分钟过去了，小米有点烦了。妈妈真的没过来呢。她开始拖着椅子走，一拖一晃，一晃一拖，跟骑大马似的，真好玩。小米把惩罚变成了游戏。育儿师兰海果断地告诉小米妈，这种情况下，必须重新开始计时，否则将前功尽弃。

计时器被调回零点。小米有点害怕了，妈妈从来没有这么坚持过。她无聊地看着计时器，站起来试图走到妈妈身边，“妈妈——”女儿嗲嗲的声音让小米妈有点心软。育儿师兰海的提醒及时出现：“让小米回去。”

计时器又被调回零点。绝望的小米放声大哭起来，一边哭，一边喊“妈妈”。妈妈从来没有这么对过自己。小米的哭声一声大过一声，刺激着小米妈脆弱的神经。小米妈听出了小米的委屈，小米的依赖，小米的无助。要是以前，她一定跑过去，抱住小米，帮她擦干眼泪，亲吻她，哄她。但是，小米妈知道那样是错误的。她心里很难受，她感觉一个理性的自己在跟另一个感性的自己做斗争，斗争的过程很痛苦。好在兰海一直在她身边鼓励她，指引她。这一次，她坚持住没有向小米妥协。

尽管一直在哭，但小米没再离开淘气椅，这是一个关键的转折。小米知道自己要为自己的错误行为负责，没有谁可以包容她。

计时器终于响亮地叫起来。小米妈长舒了一口气，走到淘气椅前。她没有忘记育儿师兰海要求她做的，小米妈对小米强调，打妹妹是错误的行为，小米必须要承认错误。小米还在抽泣，她想跟妈妈撒娇。但是，她知道这次必须要按妈妈说的话做了。

“妈妈，我以后都不会这样子欺负妹妹了。”

“好孩子，妈妈相信你！”小米妈紧紧抱住小米，眼泪涌了出来。

暴风雨就要降临鸡舍了

淘气椅真的有效。小米的爸爸妈妈却丝毫不敢掉以轻心，因为让小米在规定时间入睡将是更为艰难的一场斗争。

为了帮助小米的爸爸和妈妈，超级育儿师兰海制定了一个名为“小米的晚上”的时间安排表：7:45，洗澡刷牙；8:00，换睡衣；8:15，听父母讲故事；8:30，自己睡觉。

小米的爸爸妈妈逐条将每项计划讲给小米听，告诉她计划中的每一件事都有规定的完成时间。小米很配合，她和爸爸妈妈一起把计划贴在了时钟下面。

洗澡，刷牙，换睡衣，一切都按部就班地进行。小米觉得这个计划像游戏一样，很有趣。小米的爸爸妈妈可不这么认为。时间越来越接近小米睡觉的时刻，他们也越来越紧张。

8:15，妈妈给小米讲睡前故事。育儿师兰海的设计别有深意。睡前故事，是小米和妈妈独处，享受妈妈爱的时刻。这个安排，是满足小米情感的需要，为接下来的“自己睡觉”这个高难度的事情打下坚实的基础。对于懂道理的小米来说，只要提出要求并能满足她的内心需要，一切都会顺利。

“暴风雨就要降临鸡舍了——”小米妈讲到这句，心猛地抽了一下，这多么像今天晚上自己家的写照啊。时间接近8:30，小米在床上翻过来翻过去，可能是意识到一会儿要自己睡觉，小米开始哭闹。小米妈不断地亲吻小米，希望能安抚她的情绪。

8:30，小米妈合上书：“好，到时间了。今天晚上最重要的一件事就是自己睡觉。晚安。”

小米妈用力地亲了亲小米的小脸蛋，然后匆匆地、头也不回地走出了房间。她怕自己努力构筑起的并不坚固的规则堡垒会在小米哀求的目光中轰然坍塌。

关上门的一刻，小米的哭声不期而至。尽管早有心理准备，小米妈的心还是被小米的哭声刺得很痛很痛，腿也发软，几乎站立不住。

兰海理解做妈妈的感受，“好难，是不是？”她拍拍小米妈的肩膀，希望能给小米妈一些力量。

小米哭喊着“妈妈——妈妈——”，冲出了卧室。

小米妈心很痛，她的眼里泛着泪花。兰海告诉她亲亲小米，再把小米抱回去，告诉小米，一定要自己睡觉。

小米第二次冲了出来。小米第三次冲了出来。

小米爸无力地坐在沙发上，表情凝重。小米撕心裂肺的哭声让他这个坚强的男人也快要心碎了。他不知所措地看着小米妈在兰海的指导下，一次次把小米送回卧室。

女儿是真的在哭，他听得出来，所以他的心很疼。今天的状况就像第一次送小米去幼儿园的感受。孩子经历成长痛苦的同时，父母自己也要勇于承担伤痛。这种承担，对孩子才是真正有益的。

8:40，几个回合下来，小米不再冲出卧室。9:00，小米妈蹑手蹑脚进入卧室查看，小米已经安然入睡。

小米妈的眼泪又一次涌了出来。她真不敢相信，小米这么早就睡着了。小米，你真棒，妈妈爱你。她对育儿师兰海充满感激，如果没有兰海在身边指导她，她不敢想象会有什么后果。

一直焦急观望的奶奶擦擦眼泪，她也在笑着。“这是怎么回事，它怎么这么灵呢？”

小米妈很感慨：“昨天这个时候，小米还在玩。我们每天晚上要花一个小时或一个半小时跟小米进行斗争。”

小米爸说：“是的，每天晚上都如此，跟小米斗争。”

兰海提议：“今天，你们是不是可以做点什么了？”

小米爸笑着调侃：“去烧烤！”

“烧烤。”小米妈扑哧一声，笑了出来。没有小米和纳米以前，小米妈和小米爸经常会去烧烤的。哦，那些温暖而美好的回忆。要知道，小米爸妈已经有四年没有过私人相处的时间，因为小米都在11点之后才睡觉。

超级育儿师兰海的“家庭规则”又一次展现出了威力。小米的爸爸妈妈内心充满了喜悦，他们很久没有在这个时间段里如此幸福过了。

兰海表扬大家今天做得都非常好，尤其是小米妈。今天其实是一种心理考验。这是小米的爸爸妈妈从来没有尝试过的——面对孩子撕心裂肺的痛哭，还能够坚持按规则处理。他俩经受住了这场艰难的考验。他们的坚持给小米、给自己带来了前所未有的痛苦，然而在与痛苦挣扎的过程中，他们和小米都收获了宝贵的成长。

兰海解读

◆保证小米和爸妈的充分沟通，父母应该了解孩子每天的情况和心情。

◆父母拥有自己的私人空间也很重要。

◆父母的态度要坚决。

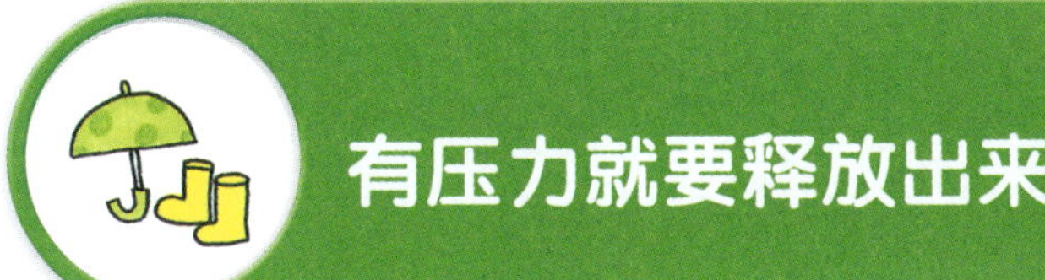

有压力就要释放出来

这是一个对孩子的教育高度重视的家庭。以前在这个家庭里，四个大人都试图用自己的方法教育孩子，每个人都认为自己是最正确的。

小米妈很希望其他人能尊重她的意见，能考虑她的想法。可是更多的时候，每个人都在坚持己见。小米妈也想坚持，但是作为家庭的核心人物，为了保持家庭的和谐，她不得不做出让步。她很难过，但是又没有好的解决办法。慢慢地，她习惯了把一切痛苦都压在心底。

这一次，向超级育儿师兰海求助，是她坚持的结果。公公婆婆起先并不赞同，他们不理解教育孩子的家事为什么要请外人来帮忙。他们认为孩子的问题会随着年龄的增长慢慢解决。

超级育儿师兰海的到来能否真正帮到自己的家庭，小米妈没有太大把握。直到昨天看到小米自己睡着，小米妈一直揪着的心才开始慢慢放松。

小米妈需要释放压力

几天的家庭辅导，小米妈的精神一直处于高度紧张状态，她太累了。育儿师兰海明显感觉到小米妈的压力非常大，和爷爷奶奶在教育问题上有分歧，而小米爸爸却在不断地回避矛盾。这让小米妈压力倍增，所以她急需一次压力释放。只有妈妈自己爱自己，才有勇气面对复杂的一切，给自己希望，给孩子创造一个健康的环境。所以，兰海决定带小米妈进行一次压力释放。

兰海带小米妈来到北外滩最高建筑顶楼的平台上，这里视野开阔，空气清新。习习的凉风让小米妈觉得身心无比放松。她感谢兰海把她带到这里，让她有了言说的欲望。

她跟兰海聊了很多。丈夫、孩子、老人、冲突、妥协、压抑……她说出了自己的难过。她奇妙地发现，原来说出痛苦并没有什么大不了。她感到无比畅快，虽然她流泪了。

兰海提出了一个新的要求："面对着这样的美景，我需要你大声喊出你的需求。"

这可以吗？小米妈从来没有大声宣泄过。几年的三代同居的生活，她习惯了压抑。她有些怀疑自己能否达到兰海的要求。

"我需要尊重！"小米妈喊。

"大声点！"兰海鼓励她，并大声示范，"我喜欢上海！"

"我喜欢我自己——"小米妈明显提高了声音，她看到了兰海赞许的目光。

"我讨厌自己不够勇敢！"

"我讨厌自己不够坚持！"

"我讨厌他们不尊重我的想法！"

"我需要他们尊重我！我爱自己！"

从小米妈的呼喊声中，兰海感受到了她越来越强烈的自信。此时的小米妈已经泪流满面，她感觉自己有了脱胎换骨的改变。**每个人的改变都需要机会，而妈**

妈的机会来自两个孩子。小米妈成功地突破了自己。为了女儿们的健康成长，她会更加努力，更加勇敢。她会坚持自己认为重要的和正确的事情，不再妥协。

 妈妈真的很爱很爱小米

辅导仍在继续。

育儿师兰海知道这个家庭最希望解决的问题是小米。但小米的问题不是她的行为，而是她内心的需要。小米在跟这个家庭的每一个成员做斗争。小小的她在打一场爱的“保卫战”。小米一直认为全家人都是偏心的，都更喜欢妹妹，更迁就妹妹，所以她刻意用一种特殊的方式想要证明父母是爱自己的。比如说在吃饭时家人对自己的容忍，和妹妹争抢时父母态度的模糊。在小米的眼中，这些事件的发生能够证明爸爸妈妈对自己的爱。于是，当她情绪失落的时候就会频繁使用这样的方法。所以，妈妈急切需要和小米进行一次正式的谈话，能够让小米知道和接收到父母对自己的爱。当妈妈的心理建设完成之后，她就必须要面对这个最难又不能逃避的问题。

兰海告诉小米妈，爱小米，首先应该感知她的情绪，把握她内心真正的需要，然后理智地帮助她。爱小米就包容小米的错误行为，这种爱是错误的，是以牺牲小米的健康成长为代价的。小米不需要这种补偿性的爱。

育儿师兰海的分析让小米妈震惊。她和小米爸最担心的就是小米受到伤害，但是她没有想到，恰恰是他们的所作所为伤害了小米。不能再继续错下去了。

现在，规则已经建立。接下来，超级育儿师兰海要帮着小米妈修复和小米的关系。只有这样，才能满足小米内心的需要，让小米感受到，家人对她的爱，并没有因为纳米的出现而减少。

兰海安排小米妈和小米进行了一次特别的谈话。

小米妈拉着小米的手，问：“小米，妈妈在抱纳米的时候，你怎么想的？”

可是，小米抽回了自己的小手，上看看，下看看，故意不理妈妈。

“小米，看着妈妈，为什么不回答妈妈，你不说妈妈不知道哦。”小米妈又拉住了小米的手。拉着女儿柔嫩的小手，她心里踏实。小米垂下眼睛：“我不想谈。”

因为五岁的孩子还不太能够把自己的情绪准确地表达清楚，兰海指导妈妈去猜测小米的想法。这样的谈话对小米妈来说是一个挑战。但是，她必须要接受这个挑战。

“小米，你是不是不喜欢妈妈抱着纳米？”小米点头，“你是不是希望妈妈也抱着你？”小米点头，但是不敢看妈妈的眼睛，“小米，看着妈妈的眼睛，你不想让妈妈抱着她，是吗？”小米点头，“那妈妈跟纳米玩的时候，你高兴吗？”小米摇头。

兰海鼓励小米妈，一定要勇敢说出她最应该说出的话。“是不是妈妈跟纳米玩的时候，你觉得妈妈只爱妹妹？”小米妈的眼泪涌了出来，她开始不断地擦眼泪。小米懂事地看着妈妈，她不再躲闪妈妈的目光。

小米妈紧紧拉着小米的手：“小米，妈妈觉得你长大了，可是纳米还小，她更需要妈妈的保护。”小米认真地听着，妈妈从来没有这样跟她说过话。妈妈哭了，小米心里很难受。小米妈哽咽着对小米说：“小米，妈妈不会因为纳米很小就不爱你了。妈妈是很爱很爱你的，知道吗？”

听到妈妈勇敢的表白，小米委屈地扑进妈妈的怀里大哭起来，积压在她心中的情绪终于得到认可。“妈妈一直都很爱很爱你的，可能妈妈以前处理得不好，妈妈希望小米给妈妈一个机会。你们都是妈妈的女儿，妈妈都很喜欢的。”小米妈紧紧抱住了小米。刚才还哭着的小米，这会儿却乐出了声。原来妈妈这么爱我哦。

完成了高难度的任务，小米妈的心情非常舒畅，她调皮地对小米说：“现在妈妈要你两个胳膊抱住妈妈！”小米咯咯笑着，用力抱住了她。母女俩的心重新紧紧连在了一起。小米妈开心极了。

兰海解读

- 小米一直用一种特殊的方式想要证明父母是爱自己的。
- 和孩子谈话需要方法，首先需要说出孩子的感受，其次说出自己的想法和感受，然后一起想办法，最后互相鼓励和支持。
- 最难的是“说出孩子的感受”。孩子往往比成年人更加敏感，而语言表达能力还没有得到充分发展，这就更需要成年人的观察和理解。

小米学会了遵守规则

小米的情绪得到了释放，内心需要得到了满足，再解决她的行为问题就相对容易了许多。

吃饭时间到了。小米用手抓了一只大虾，妈妈及时警告：“小米，记住我们的两条规则，吃饭要用筷子，并且不能离开饭桌。如果再有一次，妈妈就要惩罚你坐淘气椅了。”

小米看看纳米：“纳米也用手吃呢。”妈妈回答：“纳米不会用筷子哦。”

哦，是这样的，纳米太小了，她只有一岁。小米转动着大眼睛，开始用筷子夹菜。吃完最后一口饭，小米妈兴奋地把她抱起来，使劲地亲她：“小米真棒！”

小米痒痒地直笑。兰海老师定的规则其实很容易做到。遵守规则就不用坐无聊的淘气椅了，还可以和大家开心地玩游戏。妈妈开心，小米也感到很快乐。

晚上，小米乖乖地洗澡，换睡衣，刷牙。有了前一天的尝试，育儿师兰海对即将到来的“暴风雨的时刻”胸有成竹。小米的爸爸妈妈还是有些心事重重。

8:15，小米乖乖地躺在床上，爸爸一边讲故事，一边抚摸她。8:30，睡觉时间到了，爸爸匆匆地说了句“晚安”，就走出了卧室。他的心里直敲鼓，他很

遵守规则就不用坐无聊的淘气椅了，还可以和大家开心地玩游戏。妈妈开心，小米也感到很快乐

怕小米突然爬起来抱着他哭。他不知道他会不会像小米妈一样坚强。

小米的哭声在门关上的瞬间再次如期响起，小米的爸爸妈妈瞬间心乱如麻。为什么成长的过程要这么痛。

还好，小米没有冲出屋来。兰海理解夫妻俩的痛苦，她进屋表扬了小米：“小米很勇敢，想一个人睡。老师陪你一分钟，就一分钟，你自己睡着，好不好？”

小米同意了。一分钟后，小米睡着了。兰海看了下表，8:40。

“小米太棒了！”小米妈激动地想喊出来。小米爸也为女儿的表现骄傲不已。他们一直担心小米会做不到，可是小米真的在这么短的时间做到了。超级育儿师兰海的教育方法真的很有效！

表扬的力量

超级育儿师兰海要离开几天，小米爸和小米妈需要靠自己坚持住。对于他们，这是真正的成长机会。

临别前，兰海嘱咐他们，一定要遵守家庭规则，夫妻之间一定要相互支持。小米妈对小米和纳米充满信心。她希望爷爷奶奶也能坚持。

没有了超级育儿师兰海的指导，这个家庭能顺利地面对挑战吗？

两天很快过去了。回望这两天，小米妈和小米爸坦言有很大的进步，不过，没有了兰海的指导和帮助，还是有一些混乱。

爷爷奶奶不再对小米百依百顺

超级育儿师兰海的到来，不仅让小米爸爸妈妈和小米发生了巨大改变，爷爷奶奶也有了很大的改变。现在，对小米的调皮，他们不再只是宽容和顺从了。他们也开始用淘气椅管理小米。

中午，家里只剩下老少四口。吃着饭，小米想起了开心的事情，她愉快地唱起了歌儿。纳米也很给力，还打起拍子来。

眼看着两个孙女吃饭的速度都变慢了，奶奶着急了：“小米，吃饭不要唱歌！”

小米不理奶奶，接着唱。奶奶想起淘气椅，小米妈对小米使用时很灵的，“再唱就坐淘气椅去，从现在开始！”

唱歌也要坐淘气椅，干什么都要坐淘气椅啊，小米很不服气。

吃过饭，爷爷奶奶劝小米上床午睡，小米还在生气呢。“不睡，就是不睡！”

奶奶又吓唬小米：“不听话就去淘气椅坐五分钟！五分钟后不是还得睡？”

爷爷更厉害：“不睡的话让你坐一个半小时！”

天哪，坐一个半小时，爷爷真坏！尽管爷爷奶奶只是嘴上说，他们并没有真正惩罚小米，可小米还是生气地嘟起了嘴。

为了帮助爷爷奶奶，再次回来的育儿师兰海召开了专门针对爷爷奶奶的家庭会议。

兰海首先指出，对于淘气椅的使用，有一条很关键，那就是不能随意增加惩罚的时间。小米五岁，就坐五分钟。爷爷随意增加为一个半小时是不合适的。

爷爷为自己辩解：“我说一个半小时，是因为我知道小米坐不到那么长时间就会起来的。”

兰海耐心地告诉爷爷，**对淘气椅的使用必须规则统一，如果一人一个规则，淘气椅会像之前的家庭教育一样，因标准不统一失去作用。**还有，对小米说的每一句话，说出来了就要做到。如果说了跟没说一样，或者说的时候就没想着要去实施，时间长了，小米就会觉得爷爷的每一句话都是不可信的。

另外，吃饭唱歌就罚坐淘气椅，家庭规则上并没有这一条。如果一条规则小米不知道，却要对她使用，那她会觉得奶奶不遵守家庭规则。

“我应该提前跟小米说一下新规则。这样就好了吧？”奶奶很好学，她觉得兰海提出的小问题都很有道理。

短短几天，两位老人已经有了改变。他们开始尝试着使用新方法，这是难能可贵的。要给他们时间慢慢来，育儿师兰海希望小米妈也能看到这一点。

 表扬比惩罚更为有效

跟爷爷奶奶比起来，对于淘气椅的使用，小米的爸爸妈妈掌握得很好。使用之前的警告，再次违规后的坚持，小米妈做得都非常好。

不过，夫妻俩坦言，也还是有些小问题让他们很困惑。

困惑一：

规定的时间到了，小米把没吃完的东西统统塞进了嘴里。这已经是妈妈给的第二次机会。嘴里东西太多了，小米咽不下去，又吐了出来。

爸爸对小米的行为很生气："小米，很遗憾，你没有在规定时间吃完饭。"

妈妈说："按我们刚才说好的规则，你需要在淘气椅上坐五分钟。这五分钟里好好反省一下，看看自己哪里做错了。"

爸爸妈妈比爷爷奶奶厉害多了，小米乖乖地坐进了淘气椅，计时器开始计时。嘀嗒嘀嗒，怎么这么慢，才过了两分钟。小米有些无聊，她看看镜子里的自己，踢踢腿，伸伸胳膊，还蛮有意思的。

妈妈又生气了："玩得很开心是吗？"她无情地把计时器调回到零。

天啊，妈妈这是怎么了，我又没有挪动淘气椅，小米觉得很委屈。小米妈不能肯定这次的重新惩罚是对还是错。

育儿师兰海告诉小米妈："如果小米只是活动身体，并没有挪动椅子的位置，那就不该重新惩罚她。这样对小米不公平。因为你并没有提前跟小米说起过这条规则。**大人可以根据家庭情况去增加和修改规则，但是需要在三周以后。三周是一个孩子养成习惯的最短的时间。另外，不要认为规则有效就去无限制地制定规则。**而且规则改变后，也必须提前告知小米。这样她才不会觉得，你们总是

随意制定规则来约束她。”

困惑二：

小米妈在使用淘气椅时发现了一个现象。计时器结束的铃声响起的一刻，小米笑了。小米妈捕捉到了小米的笑。她不能分辨，这是小米对惩罚结束感到开心，还是小米已经对五分钟的惩罚无所谓了？

“这要根据小米后面的行为有没有改变来判断。如果小米改变了错误行为，即便她坐淘气椅时很轻松，淘气椅对她也是有效的。如果小米没有改变错误行为，那就需要制定新的更有针对性的规则。其实，有比惩罚更为有效的工具，就是表扬。惩罚的作用总是有限的，只有表扬才能持续起作用。我们每个人都喜欢表扬。”

兰海的话让小米妈豁然开朗。每次惩罚结束后，小米特别喜欢她热情的拥抱和由衷的赞扬，这些都能让小米开心地乐出声来。之后的表现也都非常好。“**慎用惩罚，多用表扬。**”小米妈思考着。在育儿师兰海的辅导下，她感觉自己学到了很多，对家庭的未来，她充满了信心。

小米学会了和纳米和平相处

教育孩子不是一时之功，小米的爸爸妈妈还有很长的路要走。

超级育儿师兰海的辅导快要结束了。小米的行为有了很大的改变。而最为困扰这个家庭的问题也得到了解决，小米终于学会了和纳米友好相处。

客厅里，小米在喝饮料。纳米蹒跚着走过来了。“要喝吗？”小米轻声问妹妹，小心地把一杯饮料喂进纳米的嘴里。还不会说话的纳米咧嘴笑了，她很开心，使劲拍小巴掌。家里洋溢着温馨的暖意。

育儿师兰海送给全家四盆小植物。小植物刚刚萌发，绿色的嫩叶上显现出勃勃生机。兰海希望大家能照顾好它们，按时浇水，然后期待着这些小苗越长越大。

客厅里，小米在喝饮料，纳米蹒跚着走过来了。“要喝吗？”小米轻声问妹妹，小心地把一杯饮料喂进纳米的嘴里

兰海这样做是有自己的用意的，它告诉这个家庭：每个人的成长，都像植物需要阳光和雨水一样，需要精心呵护；孩子的成长，需要父母的帮助，而孩子们也需要学习如何承担家庭责任。这个家庭已经有了改变，但这只是个开始。他们以后在孩子的教育上还会遇到各种各样的困惑和难题。就像这几株小苗一样，他们的家庭也需要共同的呵护。只要全家团结一心，不懈努力，兰海相信，一切困难都能克服。

小米妈很舍不得兰海。她说：“兰海老师教会了我们很多东西，她所提供的指导对我们的家庭帮助非常大。”小米也舍不得兰海：“兰海老师离开我的家，我会很难过的。”

奶奶说：“我的脑海里出现最多的词就是幸运和感谢，感谢兰海老师。”

“兰海老师绝对是一个超级育儿师！”小米爸由衷地说，“我相信，经过兰海老师的辅导，两个女儿的成长会跟以前完全不一样。”

带着满满的收获和感动，超级育儿师兰海即将开启新的家庭治疗之旅。这次等待她的，又将是怎样的家庭，怎样的孩子呢？

兰海总结

真正的爱是帮助孩子更好地成长

作为超级育儿师，小米是我进入的第一个家庭，我喜欢她的大眼睛、倔强的表情和那深藏在内心的情感波澜。

想到小米我会心疼，小米是一个被爸爸妈妈重视，但是又被忽视的孩子。父母都非常爱她，而且也考虑到由于妹妹的出现会导致姐姐的情感失落。但是他们的重视却体现在对小米错误行为的容忍，比如欺负和吓唬纳米，父母的态度是回避这个问题，或者对自己说，小米已经觉得爱被分走了，那就算了吧！他们的溺爱体现在对小米从来没有明确的要求，吃饭、睡觉，甚至刷牙都可以在任意的地方进行，并且为此给小米准备两个杯子以方便她能够在客厅、餐桌前完成刷牙。

父母对小米的爱建立在一种强大的补偿心理上，而这种补偿心理投射给小米的却是另外的暗示，那就是爸爸妈妈真的喜欢妹妹多一些。而姐姐对妹妹那种本能的爱就在爸爸妈妈这样的补偿中一点点丧失。

我能切实地体会到父母对小米浓浓的爱，但这种爱却充满了愧疚。正因为这样的愧疚，让他们无法给小米提要求，纵容了小米的行为。

小米需要这种没有判断力的包容吗？小米需要这样的溺爱吗？而这样的包容和溺爱是建立在父母认为小米受到伤害的基础上。这些都不是小米需要的。

对于小米，她需要通过父母的帮助使自己成为一个更好的孩子。她需要感受到父母真挚的爱，而不是仅仅通过父母的包容和迁就来证明自己是被爱着的。

我的工作过程就是从客观观察到情感带入再脱离情感的过程。我需要感受到家庭成员中每一个人的困难和想法，然后以小米的成长为立场，理智客观地解决问题。

小米需要被理解，但同时她也需要知道无论何种希望被理解的情绪都不能构成她欺负妹妹的理由。

于是，我建立了全家人需要遵守的规则，疏导妈妈的情绪，恢复妈妈和小米之间的关系，更重要的是妈妈开始对小米有真正的要求。我需要让小米认识到自己行为的失当，这才是小米需要的。

当小米的情绪完全被接纳，心理需求完全被满足之后，才有可能带来行为上的改变。

真正的爱不是一味地妥协迁就，而是帮助你爱的人更好地成长。

小米一家只是众多家庭的缩影。每个人在自己成长过程中都会遇到各种困难，经历各种痛苦，问问自己，那时候你需要什么?

如果家人对你的失落痛苦视而不见，你会觉得冷漠；如果家人能体会你的感受听你倾诉，你会感动，心理得到抚慰；如果家人不仅能感知你的情绪，还能和你一起找到解决问题的方法，你才会真正的成长。

这是作为父母的三种层次，也是父母的修炼。父母需要理解孩子的情绪，但不要受困于自己的情绪。

育儿小问答答案

B. 父母需要公平地判断对错。

兰海解析：争斗中的孩子最需要的是父母的态度，公平的态度是让孩子和谐相处的前提。孩子只有在被公平对待之后才能真正的宽容和忍让，才能真正正确地思考自己的行为。

Chapter 2

家的温度

北京宝宝梧桐今年四岁，是个聪明可爱的小男孩。小家伙有丰富的想象力和超强的动手能力。有时因为控制不好自己的情绪，梧桐会对家里的玩具进行破坏。面对梧桐的破坏行为，妈妈冷若冰霜，一味训斥；奶奶护孙心切，愤怒的她随时可能跟妈妈爆发一场激烈的争吵；而爸爸置身事外，不以为意。

每到这个时候，紧张、混乱、压抑、冰冷会充斥着这个家庭。家人之间都冷冰冰的，没有一点温度。这种状况让超级育儿师兰海感到窒息。她有办法唤醒一家人心中的热情，让这个家温暖起来吗？

育儿小问答

如何有效地控制孩子使用电子产品？

A. 父母需要严格地控制使用时间。

B. 父母需要增加有意思的活动内容。

C. 父母需要没收电子产品。

冷冰冰的家庭

超级育儿师兰海来到北京梧桐家。这一天是观察日。

来给兰海开门的正是梧桐："是谁来了啊？"

兰海微笑着跟梧桐打招呼："你好，我是育儿师兰海。我们俩认识一下，好不好？"

来了个陌生人，她就是妈妈请来管理我的超级育儿师吗？小梧桐有一点点害怕。他一溜烟儿躲到了爸爸给他买的儿童电动汽车的下面。电动汽车很大，他经常开着它在家里横冲直撞。早上因为妈妈没有满足他的要求，他一气之下把电动汽车掀翻了。这会儿，他正好可以躲在汽车和地板之间的小空间里。

妈妈追了过来："你躲在那儿干吗，快出来！"

梧桐不理睬妈妈。这个超级育儿师好像没有那么可怕，笑眯眯的，还挺和气。他趴在电动汽车下面，偷偷地观察着育儿师兰海。

发脾气的梧桐

超级育儿师兰海的观察也开始了。说实话，这个家着实让她吃了一惊。到处都是乱放的东西：玩具东一个，西一个，被子居然摊在地上。

妈妈好不容易把梧桐从汽车下面劝出来，他又躺在了地上摊开的被子上，翻过来，滚过去，就是不起来。

梧桐妈很没面子，这孩子怎么这么不听话！然而，这才只是开始。

梧桐想吃奶片。他抓起一盒，躺在被子上，准备吃。妈妈没让吃，梧桐瞬间就爆发了。

“我就要吃奶片！”梧桐哭闹，“我不要这被子了！”他把被子拎起来用力扔在一边。还不解气，怎么办？梧桐看见了墙角的桌子，桌子比他还重呢！梧桐才不管，他跑过去，一点一点把桌子放倒！

梧桐还是很生气。他蹲在地上，左看右看，看家里还有什么可以破坏的。

妈妈跑过来抓住了梧桐：“赶紧起来！”“就不起来！”梧桐又躺到了地上。气急败坏的妈妈用力拉起梧桐：“你起不起来？”“就不起来！”梧桐用力挣脱妈妈。“你到底想干什么？”“我想睡觉！”梧桐大喊。反正我就是不听你的话，我就要跟你对着干，看你能把我怎么样。

愤怒的妈妈把梧桐拖到铺着地垫的游戏区，“好，你就在这儿睡吧。”

梧桐根本不想睡觉，他抱住了妈妈的腿。妈妈用力甩开梧桐，冷冰冰地说：“滚一边去！”

梧桐又扑了上来，被妈妈甩开。梧桐再扑，妈妈再甩开。夹杂着哭声和尖叫，家里乱作一团。

不知道该怎么表达自己的情绪，梧桐就选择了破坏一切和对抗妈妈来发泄。混乱，混乱，混乱。这是育儿师兰海此刻最深的感受。

发脾气的奶奶

梧桐没完没了地折腾，妈妈耐着性子收拾被梧桐弄乱的一切。她走到哪里，梧桐就跟到哪里，要么躺着，要么抱着妈妈的腿，提出各种古怪的要求。妈妈不知道梧桐到底想要干什么。

“出去！干吗呢你们？”随着咣当的开门声，梧桐的奶奶愤怒地冲了出来。从兰海一进屋，她就关注着屋子里的全部动向。她不理解，儿媳请兰海来家里干什么。难道就是为了看孙子是怎么不听话的吗？这是在帮助孩子吗？

奶奶想轰走兰海，保护自己的孙子。“你到底想干什么啊？孩子玩，你也看见了！孩子闹，你也看见了！你还想干什么，有完没完？”

育儿师兰海能理解奶奶的愤怒。奶奶希望梧桐能展现出听话、乖巧的一面。可是从兰海进门的一刻开始，梧桐就一直在折腾。兰海想跟奶奶解释，这是观察日，她需要以旁观者的身份充分了解梧桐和这个家庭的情况，找到梧桐脾气大的真正原因，然后才会进行有针对性的辅导和帮助。可是，冷若冰霜的奶奶拒绝跟她进行交谈。

局面僵住了，空气中弥漫着浓烈的火药味儿。

“妈妈，奶奶怎么这么冷冰冰的啊？”梧桐停止了折腾。他觉得奶奶对这个笑眯眯的育儿师这么说话可不太好。

梧桐妈妈很生气，婆婆这时候跳出来横加指责，破坏育儿师兰海的观察，这不是捣乱吗？她冷冷地对婆婆说：“您要是嫌这儿乱，就上大哥家住几天去！”

梧桐跑到奶奶身边，拉着奶奶的手，说：“奶奶，我一听你们吵，就不开心。”

奶奶一边应着梧桐，一边继续跟兰海嚷嚷：“啥都看了，你说你还想干什么？”

“奶奶，奶奶，你别说了。妈妈都不说了。”梧桐举着两个小玩具，在奶奶面前晃着，逗奶奶开心。

当大人们发生争吵时，梧桐展现了他与之前完全不同的一面。他敏感、胆小，讨好每一个人，他希望气氛能有所缓和。

育儿师兰海从梧桐妈妈那里知道，奶奶平时经常这么发脾气，跟妈妈争吵。梧桐都能看到。在这样的家庭环境中，梧桐能学习什么？他又在模仿着什么？

 置身事外的爸爸

抗拒超级育儿师兰海到来的不只是奶奶一个人，还有梧桐爸爸。

有了上午不愉快的事情，梧桐下午很安静。

四点半，梧桐坐在沙发上用iPad玩汽车游戏，他玩得很专注。妈妈在收拾屋子。转眼五点半了。梧桐玩了一个小时电子游戏，妈妈也没有要求他停下来。这么小的孩子，玩这么长时间的电子游戏，对梧桐的视力发展和身体发育都是不利的。

偶尔，妈妈会坐在梧桐的身边，看他玩一会儿。这其中，两个人也没有任何交流。

梧桐爸爸下班了。正在玩玩具的梧桐看到爸爸回来，立刻放下手里的玩具，扑到了爸爸怀里。

兰海微笑着跟梧桐爸爸介绍自己：“你好，我是育儿师兰海。”

梧桐爸爸冷冷地回答：“你要观察这孩子，跟他妈聊去，他妈在家。”

兰海依旧笑着：“你看你一回来，孩子就跑你身上去了。”

梧桐爸爸：“那可不嘛，他是我儿子。”

“对啊，所以我……”

梧桐爸爸生硬地打断兰海的话：“他妈在家，你直接去跟他妈聊就完了，好吗？”说完，他头也不回地进了另一间屋子。

育儿师兰海尴尬地站在那里。如果说奶奶的抗拒是她能预料的，那么爸爸的抗拒真的是兰海没有想到的。她感到压力重重，观察和辅导还能不能顺利进行下

去，一切都是未知数。

梧桐妈妈的心情更加复杂。她坚持请育儿师兰海来帮助梧桐，却没有预料到丈夫和婆婆会让她如此难堪。

屋子里冷冷的，每个人都在干自己的事情。奶奶在做饭，梧桐在看电视，爸爸在餐桌边抽烟。

梧桐妈妈走到梧桐爸爸身边，故作平静地说："你有什么想法可以跟人家说出来。"

梧桐爸爸很不耐烦："我没什么想法。这孩子不就是那天说的脾气大吗，没别的。"

"孩子又不是我一个人管。"

梧桐爸爸提高了声音："是两个人管。可你跟我聊，有什么用。你跟育儿师聊去。"

夫妻俩的简短对话不欢而散，屋子里重新回归冰冷的寂静。

兰海感觉，梧桐爸爸在这个家庭里，不像一个主人，他更像是一个旁观者，冷眼看着一切，一副无所谓的态度。他在用自己冷淡的态度，抗拒着育儿师兰海的到来。

爸爸用下一个许诺缓解梧桐的哭闹

尴尬的观察还在继续。

梧桐正在看动画片，妈妈让他把积木先收拾好。梧桐赖着不去，妈妈只好关了电视。梧桐的大脾气一下子就爆发了！

他把桌上的东西全部扔到地上，又跺脚又拍桌子："你给我打开！我就要看汽车总动员！"

"梧桐，把积木收拾好了再看！"妈妈抓住他的手，不让他破坏东西。他用力推开妈妈，冲到电视前，打开电视开关。怎么是大人的节目？汽车总动员哪儿去了？

梧桐顺手拿起iPad使劲地敲击电视，“破电视！破电视！”

妈妈拽住他，“梧桐，不闹了。咱们玩别的去。”

“不要！我就要看电视！”梧桐哭喊着，又踢又打，满地乱滚。梧桐爸爸被儿子的哭声扰得心烦，坐在餐桌边闷头抽烟。

哭闹也不能让妈妈改变主意，梧桐跑到了爸爸怀里继续哭闹。

爸爸说：“你找我干什么？”

“妈妈不给我看电视！我要吃羊肉串！”

爸爸说：“行，吃羊肉串可以。不许哭了，先把东西收拾好！”

爸爸这招挺灵，梧桐终于停止了哭闹。爸爸认为，梧桐没什么问题，他可以用自己的方法管理好梧桐。

可是育儿师兰海不这么认为。爸爸总是用下一个许诺来缓解梧桐当前的哭闹。他的目的只是不让梧桐哭闹，而不是告诉梧桐，究竟怎样做是正确的。这其实是一种逃避——对当前问题的逃避。当没有许诺能吸引梧桐时，梧桐又会怎么样呢？

一天的观察终于接近尾声了，梧桐开始了睡前的加餐。那是妈妈为他冲好的一瓶奶。育儿师兰海吃了一惊，四岁的梧桐竟然还在用奶瓶喝奶！一瓶奶，梧桐喝了很长时间。他边玩边喝，站着，躺着，桌前，沙发上，终于在奶奶的卧室里喝完了奶。

喝完奶之后，梧桐依然没有消停。他又爬上了餐桌。餐桌上有很多瓶瓶罐罐，妈妈怕他不小心碰到，硬把他抱了下来。梧桐挣扎着，哭闹又开始了。

他挣脱了妈妈，灵活地顺着凳子又爬上了餐桌。“你现在要不下来，我就把凳子给你撤了！”妈妈威胁他。

“我现在就不下去！”得逞后梧桐露出了胜利的微笑。

细心的兰海发现，梧桐刚开始哭闹时，他是真的很生气。但仅仅几秒钟之后，梧桐的哭闹没有了，转而是微笑。其实，梧桐这是在用自己的坏脾气控制周围所有的事情啊！

观察日就在这样的混乱中结束了。明天等待育儿师兰海的，又将是怎样的局面呢?

◆打人、砸东西、吼叫，是什么让这个四岁的孩子用这些方式来表达自己的情绪呢?

◆独处，是梧桐自己的游戏方式。这个家庭成员之间没有交流，就像四个独立的个体拼凑而成的组合。

◆孩子的独处能做什么？除了玩具，电视和电子游戏显然能给梧桐带来最大的乐趣和内心满足。

◆吵闹是这个家庭最主要的交流方式。梧桐在慢慢学习用“激烈”来表达，用“暴躁”来面对拒绝。

◆改变孩子需要从父母的转变开始，只有父母的进步才能让环境产生变化，才有可能带来孩子的改变。

温暖的家从沟通做起

离开梧桐家回到住地，心事重重的兰海接到梧桐爸爸的电话，说他明早七点十五分必须离开家，他只能给兰海十五分钟的时间召开家庭会议。这个电话更像是一个委婉的拒绝。

奶奶上午的发怒，爸爸现在的拒绝，兰海意识到她的辅导随时可能被中断。短短的十五分钟，她能扭转局面吗？

想到顶着一切压力试图有所改变的妈妈，兰海给自己鼓了鼓劲儿，尽管很难，她必须奋力一搏。

十五分钟的家庭会议，也许是育儿师兰海跟这个家庭的最后一次对话，也许是这个家庭转变的开始。

十五分钟，爸爸和奶奶的态度扭转了

早上6:45，育儿师兰海就来到了梧桐家。空气完全凝固，妈妈表情冷漠，

爸爸抽烟看着电视，奶奶虎视眈眈地守在一边。尽管兰海准备了几种谈话方案，眼前的状况还是让她始料不及。

家庭会议如约开始。兰海调整好自己的情绪，真诚地跟家长进行沟通。

“首先我要说的是，梧桐是在这个年龄段里面我见过的理解能力、动手能力和想象力都非常非常好的一个孩子。但是，这个家庭里面的每一个人都不知道梧桐心里想要什么。”

她的话让爸爸一愣。他原本以为，育儿师兰海无非是想批评自己的儿子有多调皮，家长有多么不会管教。他没有想到，兰海竟然说出了梧桐这么多优点，给梧桐这么高的评价。而这些优点是他以前没有注意到的。他突然意识到自己也许并不了解自己的儿子。兰海的话的确很有道理，他并不知道梧桐心里到底想要什么。

他不再看电视，将注意力集中到育儿师兰海的谈话上来。

“你们一方面纵容他，满足他的需要。但是另一方面，你们并不知道小朋友心里真正想要的东西是什么。我觉得梧桐特别需要的是沟通和陪伴。”

爸爸妈妈都点头，的确是这样，天天跟梧桐在一起，可是并没有跟他一起玩，就像兰海说的：“你和他在一起的时候，就只是在一起而已。”

“坦白地说，你们的家给我最深的两个印象，一个是混乱，一个是冰冷。我没有感受到温暖。而这是一个四岁的孩子最需要的，他特别特别需要的。你们看，当大人们争吵起来时，梧桐多么胆小，他讨好每一个大人，他怕争吵时的冰冷感受。他渴望的是温暖，而你们却没有给他创造这样的环境。”

兰海的话，让妈妈和奶奶非常愧疚。

“我觉得爸爸内心非常非常爱梧桐，也特别想为梧桐做点什么。”梧桐爸爸若有所思地点头。兰海说对了。虽然自己平日里很忙，以至很少搭理梧桐，但是自己真的很爱他，很宠他。梧桐调皮捣蛋也舍不得骂他一句，结果把这孩子惯得脾气有点大了。

“梧桐现在还小，他的需要没有得到满足，他通过哭闹让你们去满足他的欲望。如果他长大后，作为成年人的他心理需要没有被满足的时候，他会用什么样的方式获得满足？”

这个问题让爸爸妈妈陷入了深思。是啊，梧桐现在才四岁，我们还能够用强制性的方式来管教他，可十年以后呢？这是一个非常严肃的问题。

“为了帮助梧桐，我们需要一块儿带着梧桐做一些方法上的练习。”兰海看着梧桐爸爸，“你愿意配合我吗？”

梧桐爸爸肯定地回答：“可以。为孩子可以。”

十五分钟到了。梧桐爸爸主动说，他可以晚走一会儿，他要和育儿师兰海一起制定家庭规则。不知什么时候，奶奶也悄悄出门了。她出去给兰海买来了早餐，并且诚恳地为昨天的冲突道歉。

超级育儿师兰海用真诚的沟通打动了一家人。而她，也终于感受到了来自这个家的温暖。

 梧桐缺乏家人真正的陪伴

辅导顺利开始。辅导的第一步，超级育儿师兰海带着爸爸妈妈和梧桐一起来制定家庭规则。用规则来约束家里的每一个人，消除这个家的混乱感觉。

一家人对制定家庭规则都觉得很新奇。

妈妈最开心，观察日的阴霾一扫而空。现在的她表情丰富而生动。一家人一起做事情，这是她以前非常期盼的，在育儿师兰海的帮助下，这么快就实现了。这一切证明了，自己坚持请超级育儿师来，这个做法非常正确！

小梧桐也很兴奋，他乖乖地站在爸爸妈妈身边，认真地听着兰海说的每一句话。

兰海说：“**第一条，这个家庭的每一个成员要互相尊重。不许乱发脾气，不许扔东西，不许打人和骂人。**”

梧桐说：“我回家的时候，我妈妈就跟奶奶嚷起来了！妈妈不嚷了，奶奶还

嚷呢！我都呆了，奶奶还嚷呢！”梧桐的童言无忌让爸爸妈妈都有点不好意思。

兰海说：“所以我说，我们的规则是针对家里每一个人的，包括爸爸、妈妈、奶奶，还有梧桐。对不对？”

梧桐点点头：“我有时候会扔东西。”兰海笑了：“那我们得改，对不对，梧桐？”梧桐点头。小家伙今天有爸爸妈妈陪伴，变得好乖。

“**第二条规则，关心家里的每一个人。**”

“**第三条规则，每天一家人必须在一起玩二十分钟。**”

妈妈把这些规则都记在了育儿师兰海准备好的大纸板上。

育儿师兰海问梧桐：“梧桐，每天一起玩二十分钟，好不好？”梧桐摇头：“不好。因为妈妈每天都没有空儿跟我玩这么长时间，爸爸也没有时间。他们都很忙。”梧桐的话让兰海坚信自己的认识是正确的，梧桐太缺乏真正的陪伴了，而他又是这么的懂事、不贪心，不奢求爸爸妈妈长时间的陪伴。

既然是家庭规则，每一个人都要遵守。爸爸、妈妈、梧桐在纸板上签上了自己的名字，爸爸用力把纸板贴在了墙上。

兰海解读

◆梧桐家庭最需要的是成员间的积极沟通及家人共处的有效时间，而相互之间的尊重不仅仅体现在成年人和梧桐的关系上，还有父母和奶奶之间的相处中。

◆对于只有四岁的梧桐来说，“尊重”是一个抽象概念,需要用具体的事例让梧桐理解到底哪些行为的背后是尊重。

◆孩子首先发展的是形象具体思维，所以父母与六岁以前的孩子沟通，尽可能地使用具体语言，对抽象概念要举例说明。

沟通三步骤

梧桐最需要的是沟通。辅导的第二步，教会这个家庭如何沟通。超级育儿师兰海特别为他们设计了沟通三步骤。

沟通第一步，每日三问。家人要通过每日三问，学会关心彼此。这是兰海精心设计的三句话。

第一句话：“**你今天心情如何？**”这句话可以让全家人关注对方的情绪感受。

第二句话：“**你有什么收获吗？**”这句话界定了今天有好的事情发生，也符合孩子在幼儿园环境中的学习和生活上的收获。这也意味着爸爸妈妈对梧桐的认可。梧桐能从这句话中感受到积极的力量。

家人要通过每日三问，学会关心彼此

第三句话：“**你需要我的帮助吗？**”这句话让全家人之间能够相互支持，也让梧桐既感受到独立和自主，又感受到温暖，因为爸爸妈妈永远是自己的帮手，当自己有困难时，他们随时陪自己渡过难关。

每日三问被妈妈写上纸板，又由爸爸贴在了墙上。这会提醒自己，每天多跟家人沟通一点。爸爸真的想改变自己了。

虽然只有三句，但后面承载的心理关注却发挥着巨大的作用。而实际执行中，梧桐是全家人中使用最好的。孩子的改变往往比父母更快，更直接。

沟通第二步，带梧桐去社交。有了每日三问的铺垫，育儿师兰海为梧桐创造了更多的社交机会，让梧桐在交往中学会沟通。要想培养孩子的社交能力必须要在集体环境中进行，因为只有和别人的真实接触才能把他的真实状态展现出来。

育儿师兰海带着妈妈和梧桐来到一个幼儿教育课堂，梧桐要跟一群小朋友一起上课。教室很大，里面还有一些娱乐设施。刚到那儿，梧桐新奇地跑来跑去，玩得很开心。

事情没有这么顺利，接下来，梧桐不断出现问题。

马上要上课了。老师让小朋友们勇敢地跟妈妈说再见，只有梧桐紧张地抱着妈妈不放。妈妈劝了半天，梧桐才犹犹豫豫地回到了小朋友中间。

上课过程中，梧桐对陌生的环境也感到不安，他不能专心听老师讲课，他的注意力很容易被其他的事情分散。

做游戏环节，梧桐没有“轮流”的规则意识，他把挡在他前面的小朋友推倒了。被推倒的小朋友哭了，可梧桐并没有停下来，他也没有说对不起。他根本没有意识到自己的行为伤害了对方。

针对梧桐这些表现，育儿师兰海耐心地给妈妈讲解。梧桐的社交能力已经远远落后于同龄的小朋友。梧桐在群体活动中始终把关注点放在自己身上，不能进行基础的社交活动。在他侵犯别的小朋友时，他根本没有意识到自己的行为后果。尽管梧桐表现出渴望与别的孩子交流相处，但却没有方法。

妈妈明白了，自己家庭中欠缺沟通的生活方式，给孩子带来了很大的负面影响。自己和梧桐爸爸总是个人干个人的事，要么就是大声争吵，没有给梧桐当好榜样。梧桐正处在社交能力发展的敏感期，自己以后必须特别注意，争取及早给梧桐补上这一课。

孩子社交能力培养不能纸上谈兵，需要在真实的环境中慢慢学习，才能逐渐提高。**对于从小生活在缺乏沟通环境的家庭的孩子来说，需要更多的外部环境刺激和培养才能有效地提高社交能力。**

兰海告诉妈妈，更重要的是，一定要关注梧桐，知道他内心的需求到底是什么。

比如，老师带着小朋友们唱歌跳舞的时候，梧桐不会唱，也不会跳，他一个人悄悄走到角落里玩滑梯。如果妈妈以为梧桐不想跟小朋友一起玩，那就错了。梧桐是怕自己做不好，所以他躲开了。可是他又很关注，他的眼睛会不断地朝那个方向看。这个时候，妈妈最应该做的，是宽慰梧桐，告诉他，每个小朋友都会有一个慢慢学习的过程，鼓励他勇敢地回到队伍中去。另外，孩子还需要方法和练习。妈妈还需要教孩子交朋友的方法并提供训练的机会。

只有知道孩子的内心需要，并满足他的合理需要，才能释放他压抑的情绪，让他的内心平和安静。

沟通第三步，生活中和爸爸妈妈高效沟通。

梧桐的沟通能力差，跟爸爸妈妈不会沟通大有关系。育儿师兰海手把手教这个家里的每一个人如何沟通。

兰海告诉妈妈，跟梧桐玩游戏之前，要跟梧桐强调三件事：这个游戏要玩多长时间，梧桐的任务是什么，梧桐需要妈妈帮助什么。

学完了立刻实践。教育孩子原本就是刻不容缓的事情。

妈妈拿来一盒组装玩具。“梧桐，这是一个组装玩具，你来组装，妈妈来帮忙，好吗？”梧桐连连点头。

母子俩开始工作了。兰海教妈妈看着梧桐的眼睛说话，表情要更丰富些，要抓住一切机会表扬梧桐。

在妈妈的帮助下，只用了三十分钟，梧桐就完成了任务。他组装出了一匹神气的小马。妈妈笑容灿烂："梧桐，你真棒，妈妈给予你鼓励！"

梧桐高兴地把小马给奶奶看："奶奶，你看我做得漂不漂亮？"

奶奶乐得合不拢嘴："是梧桐和妈妈做的吧！做得真棒，奶奶给予梧桐和妈妈鼓励！"老人使劲拍着巴掌，一脸幸福的表情。她已经完全接纳了育儿师兰海。不知不觉中，跟媳妇的关系也缓和了许多。

爸爸在给鱼缸换水。兰海告诉梧桐，这个时候可以用到每日三问了。

梧桐很聪明，他问爸爸："爸爸，你需要我的帮助吗？"

爸爸很配合："你帮我先把小鱼都捞到小盆里！"

"没问题！"梧桐快乐地回答。梧桐动手能力强，没一会儿，十几条小鱼都成功转移到了小盆里。

兰海教妈妈，这是很好的学习机会，要多问梧桐一些问题。

妈妈很有领悟能力："梧桐，来数数，一共有几条小鱼？"

母子俩一块数："一条、两条、三条、四条、五条……"小鱼游来游去，两人都数乱了。

妈妈："哪一条金鱼最大？"

梧桐："妈妈，最大的那条金鱼死了，你不知道吗？"

……

对，就是这样沟通。在沟通中，梧桐获得了成长，而爸爸妈妈走进了梧桐的世界。

梧桐坐进了淘气椅

辅导的第三步，控制梧桐的脾气。

玩具玩完了，育儿师兰海教梧桐把玩具收拾整齐，"梧桐，我们是不是应该把剩下的这些东西先放到盒子里啊？"

什么？收拾剩下的东西？刚才还乐呵呵的梧桐一下子发脾气了，瞬间就发展成大声哭闹，他认为是大人不跟他玩了。

“梧桐，别闹。妈妈跟你说，不是不跟你玩。”妈妈哄梧桐。

兰海想给梧桐一个缓冲期：“梧桐，我给你一次机会，你不闹，就没有后面的内容。”

“你们走开！我不听！”梧桐的坏情绪完全控制不住。兰海要帮他收拾，他认为兰海要抢他的玩具，哭着要打电话报警。“是警察吗？这里有人要抢我的玩具！”

“这里没有人要抢你的玩具，梧桐。”

“我讨厌你！”

刚才还好好的，突然就爆发了。看来，必须要加强对梧桐的规范教育。

兰海大声说：“梧桐，我们已经说好违反了家庭规则要受惩罚的。你乱发脾气了，你这样做是不对的。你违反了家庭规则，我要惩罚你坐四分钟的淘气椅。”

育儿师兰海和妈妈两个人合力把梧桐放进了淘气椅。兰海反复跟梧桐强调：“你刚才错了。坐四分钟起来就好了。”

梧桐的哭闹让奶奶心疼，但是这一次老人配合地躲进了别的屋子。梧桐拗不过两个大人，绝望地坐在淘气椅里哭得上气不接下气。

四分钟到了。按育儿师兰海辅导的，妈妈走到梧桐身边，让梧桐道歉。四分钟的独处，梧桐的脾气已渐渐平复。他委屈地靠在妈妈身上：“妈妈，对不起。我以后再也不乱发脾气了。”

妈妈抱住了梧桐：“梧桐，你真棒，妈妈相信你以后做得到！”

◆一个冰冷的家不可能带给孩子所需要的温暖。

◆沟通是家庭中最重要的环节，激活一个家庭最重要的就是情感释放。

◆父母要对另外一个生命负责，但是，我们却在无证上岗。孩子没有办法选择谁做他的父母，但是父母却可以选择要成为什么样的爸爸妈妈。

◆学习只有起点，没有终点。对于孩子，对于成年人，皆如此。

◆父母的一小步，孩子的一大步。

◆毫无疑问，爱是父母都有的，但是爱，更需要方法。

规则教育的奇效

规则教育紧锣密鼓地开始了。除了使用淘气椅，兰海还教了妈妈其他的方法。

鼓励是帮助孩子建立正确行为的最有效的工具。只要梧桐做得好，妈妈第一时间就要给予梧桐鼓励。超级育儿师兰海给妈妈讲的时候，奶奶也在一旁倾听。这是一个意外的收获。

电子游戏一次只能玩五分钟

淘气椅可以控制梧桐的脾气，而明确玩电子游戏的时间可以继续为梧桐立规矩。梧桐每天看电视和玩电子游戏的时间太多了，这对他的眼睛非常不好。

育儿师兰海告诉梧桐，现在他每天只能玩三次iPad，每次不能超过五分钟。妈妈给梧桐计时。为了增加管理的趣味性，也为了计数的方便，玩一次五分钟后，梧桐就把一个小玩具车放到装iPad的盒子里。

跟以前动辄一个小时的电子游戏时间比，五分钟实在太少了。让妈妈没有想到的是，五分钟一到，梧桐虽然嘴里说着：“我还没玩够呢，还有一关呢！”但还是乖乖地把iPad放了回去。

这太出乎意料了！妈妈开心地抱着梧桐，大声表扬：“梧桐真棒！”

妈妈越来越有信心了。原来制定好规则，梧桐可以这么听话的！自己以前什么都不懂，不会教育孩子，要跟兰海老师学的东西太多了。

兰海解读

◆通过对游戏时间进行控制让梧桐自觉控制时间。

◆四岁的梧桐需要自主权，需要有机会体会掌握自己的时间。这个安排符合梧桐的内心需要。

◆家里的沟通增多和父母陪伴玩耍的时间增多，也转移梧桐对电子游戏的迷恋。

大孩子不能用奶瓶喝奶哦

自我认知是人生非常重要的一课，也是中国孩子在成长中容易被忽略的部分。梧桐四岁了却仍然在用奶瓶吃奶，这会让他形成混乱的角色认知，认为自己还是小婴儿。去掉奶瓶，使用四岁孩子应该使用的用品会让梧桐更清晰地认识自己。

育儿师兰海为梧桐准备了一个大杯子。她告诉妈妈，对于梧桐这个年龄的孩子，如果继续用奶瓶喝奶，对他的牙齿和嘴巴都有害。妈妈脸上泛起害羞的表情，自己怎么从来没想到过这一点呢。

记住超级育儿师兰海教的三步后，妈妈开始实践。

妈妈：“梧桐，你现在是大孩子了，那以后咱就用杯子喝奶，好不好？”

梧桐天真地回答：“我想长大。我想用大碗喝奶，我想用大碗吃饭。”

梧桐的话把妈妈和兰海逗得直乐。多乖巧的孩子！梧桐端起杯子，咕咚咕咚，一会儿就喝光了一大杯奶。他放下空杯子，脸上露出得意的神情。怎么样，我这个大孩子做得不错吧！

妈妈惊喜地抱住梧桐：“喝完了是吗？梧桐真棒！妈妈抱抱！”

身后的奶奶使劲鼓掌：“梧桐使大杯子喝奶了，真棒！奶奶鼓励！”奶奶越来越信服育儿师兰海了。这么短的时间，让孙子有这么大的变化，这个育儿师真了不起！

对于认真好学的妈妈，超级育儿师兰海也给予了鼓励：“你今天做到了，我觉得你做得特别好！要坚持，好吗？”妈妈又羞涩地笑了，这一次是得到肯定之后开心的笑哦。

管孩子，要讲究方法，一张一弛，做好规则，坚持实施，多顽皮的孩子也能管理好。妈妈现在深切体会到了这一点。

我生气的时候，喜欢黑色

针对梧桐的大脾气，超级育儿师兰海决定帮着梧桐释放积压的情绪。

又是崭新的一天。育儿师兰海带着妈妈和梧桐来到金宝贝早教中心。她为梧桐安排了一节独特的画画课。绘画是梧桐这个年龄段的孩子最喜欢的活动之一。绘画是他们的语言，是他们跟这个世界交流的方式。他们用画笔说话，自己的快乐、悲伤、愤怒，都可以随着画笔流泻到纸上。

“Hello，桐桐！你好！”这里的老师很热情，很开朗。梧桐心情很好。老师为梧桐准备了好大的一张画布，梧桐都可以在上面翻跟头了。

“你可以自己选颜色，在纸上随便画。来，试试看！”在老师的引导下，梧桐开始作画了。他选了很多颜色，红色、蓝色、黄色、白色。不管用什么颜色，梧桐都是用力地甩动画笔，把颜色甩在画布上。看着自己画出的五颜六

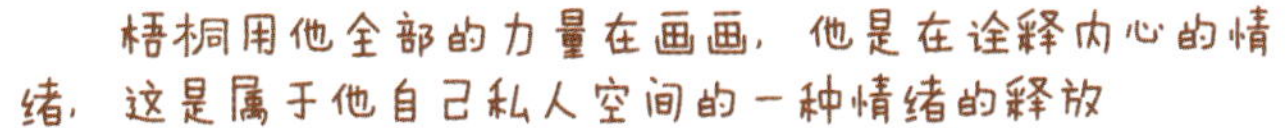

色，梧桐很有成就感。他更用力地甩动着画笔，头发上、鼻子上、衣服上，都溅上了颜料。

兰海告诉妈妈，梧桐用他全部的力量在画画，他是在诠释内心的情绪，这个过程对于梧桐来说是非常好的。这是属于他自己私人空间的一种情绪的释放。有了这种释放，日常生活中他会平和许多。

看着儿子用力作画的样子，听着育儿师兰海的讲解，妈妈心里很难受。梧桐疯狂发脾气的时候，自己从来没有想过梧桐心理方面的问题。有时候，梧桐很想跟自己聊些什么，可是自己没有给他机会。真是太不称职了。

在育儿师兰海的指导下，妈妈也加入了梧桐画画的行列。“梧桐，妈妈跟你一起画！”

“好啊！好啊！”梧桐欢呼起来，画得更起劲了。

“你可以用手直接画，画得更大一点！”妈妈鼓励梧桐。

梧桐用小手涂了颜料，直接用手掌作画。啪，啪，啪，几个小手掌画好了。

“梧桐，你生气的时候喜欢用什么颜色，画出你生气的颜色来！”妈妈接着引导。

梧桐想了想：“用黑色！”

妈妈又难受了。小小的梧桐心里真的有那么多压抑的感受啊。生气的时候是黑色。那就尽情释放吧！今天是你的机会！

兰海解读

- 情感积压很久的梧桐需要有一种适当的方式来释放情绪，运动和艺术是最佳的情绪释放方式。
- 艺术最重要的就是情感表达，梧桐选用的都是浓烈的色彩，黑色、红色、棕色、深紫色，而没有任何柔和的颜色；浅色中梧桐选择了大多数孩子不会用的白色，并且使用频繁。这说明梧桐内心的感情分两方面，一方面是浓烈的情感无法表达，另一方面是内心的需要没有被满足，是孩子情感的空白。

每个家庭成员之间都需要传递爱

超级育儿师兰海开始辅导后的短短几天里，梧桐变得活泼了，更爱说话了。爸爸也经常跟梧桐一起玩了。这个家现在很温暖。妈妈特别感慨，没想到兰海老师手把手教她的育儿知识和方法，使用起来效果这么好。

育儿师兰海要离开几天，好给这个家庭留下自己成长的空间。兰海鼓励爸爸妈妈，要继续使用新学会的技巧和方法。坚持住，就能有更大的进步。

再次回来的超级育儿师兰海看过梧桐一家最近几天的录像视频，召开了第二次家庭会议。这次会议有两个主题：一是怎样更好地教育梧桐，二是爸爸妈妈也要有更多的交流。

妈妈比爸爸学得更好

育儿师兰海带着爸爸妈妈一边看视频回放，一边分析。

视频回放一：

梧桐在玩电子游戏。妈妈走过来："梧桐，看时间了吗？长针指到十一就不要玩了。"梧桐看看表，点点头。时间到了，梧桐乖乖地收起了iPad，并放好了一辆小汽车。

兰海就这段视频评论："我们首先看到了梧桐的变化，他能够很好地控制自己玩游戏的时间了。还要表扬一下妈妈，妈妈做得很好，一直在鼓励梧桐，并且陪他玩。妈妈自己感觉怎样？"

妈妈说："梧桐自己有时间观念，遵守规定，我说什么他能听了，我们之间能沟通了。感觉这样挺轻松。"

兰海补充："是不是摩擦也少多了？"

妈妈由衷地点点头。以前很有可能会引起梧桐大发脾气的事情，因为有了规则，有了有效的沟通，都能顺利度过了。

视频回放二：

爸爸在陪梧桐玩游戏机。梧桐操纵游戏杆，爸爸在一旁摩拳擦掌，跃跃欲试。两人边玩边沟通。

梧桐："爸爸，咱们就得挣分！你看我又挣分了！"

爸爸挺着急："该我玩会儿了吧！我还没玩呢！"

这爷俩，玩得还挺起劲！

喝奶时间到了，爸爸把奶杯端了过来。梧桐正打到关键的地方，舍不得结束。爸爸说："你踏踏实实坐沙发上，坐好了喝奶。我帮你先打着。"

梧桐一边喝奶，一边看爸爸打游戏，还时不时指挥几句。

看着爷俩玩得这么开心，情景这么和谐，看回放的妈妈幸福地笑了。

但是，兰海问爸爸："你觉得你哪儿有问题吗？"

"是不是我说话的方式有问题？我让他在沙发上坐好了喝奶，口气可能冲了点。我是觉得得给孩子立这么一规矩。"

"对！"兰海表扬了爸爸，"你已经有了很清晰的给梧桐立规矩的意识。该干什么就干什么。但是，你需要严肃地告诉梧桐，你现在不能玩了，把游戏机收起来喝奶。而不应该说，我帮你先玩着。是不是？”

“对。”爸爸点头，“自己光想着让他喝奶了，没有考虑到先把游戏机收起来这事啊，以后真得注意，可不能让孩子养成一心二用的坏习惯。”

爸爸拥抱了妈妈

视频回放三：

爸爸、妈妈、梧桐三个人都坐在沙发上。爸爸跟梧桐在玩拼插玩具。

梧桐：“爸爸，咱们一起拼吧？”

爸爸：“好啊！你想插个什么小动物？”

梧桐：“我想插一个神气的大马！”

爸爸：“你想象着怎么插，自己摆一个马给爸爸看看。”

梧桐插了半天，没插好。爸爸逗他：“是不是没动脑子，再使劲动动脑子吧。”梧桐调皮地用拼插小棒敲敲自己的脑袋，“爸爸，我拼个机关枪吧！”

一直在一边看着的妈妈说：“来，梧桐，咱们一起拼个桌子吧！”

看到这里，育儿师兰海发现了问题。一家三口一起玩，这是很大的一个进步。爸爸妈妈两个人都在跟梧桐沟通，但是爸爸妈妈之间的沟通却没有建立起来。

为此，兰海给爸爸提出了新要求：要把关注度更多地放在妈妈和梧桐两个人身上，而不是只关注梧桐一个人。

为了更好地建立起爸爸妈妈之间的沟通，育儿师兰海这就给两人布置了一个任务：“妈妈要向爸爸提一个要求。爸爸也要向妈妈提一个要求。”

妈妈说：“我希望周末的时候，一家人能一起带孩子上郊区或旅游景点转转，好好玩一玩。”

兰海这个任务让爸爸有点为难。他迟疑了一下说：“我主要就是希望，我们这个家庭，沟通好了，教育好梧桐。妈妈说的这个——按老传统，我是男人，我工作太忙，我还得为这个家去拼。希望吧，若是有时间我尽量陪家人一块儿出去。”

爸爸说得虽然勉强，但他回应了妈妈。育儿师兰海抓住这个机会：“我觉得这是我今天看到的最好的一幕，你们两个人能进行沟通了，对吧？你们两人能拥抱一下吗？”

又布置一个新任务。这下，两人都有点为难了。兰海笑着鼓励爸爸：“爸爸主动一点儿。”

爸爸大方地拥抱了妈妈。他拍着妈妈的肩膀，说：“好好照顾孩子。”

就是这么简单的一个拥抱，这么简单的一句话，妈妈再抬起头来时，兰海明显地感受到她的羞涩笑容中多了一抹温情和些许神采。这是一个好的开始。

爸爸很快就兑现了他的诺言。阳光明媚的日子，他带着梧桐和妈妈一起到郊外游玩。一家人欢声笑语。

爸爸和梧桐在草地上踢球，妈妈给他们照相。梧桐球踢得不错，不断进球。爸爸和梧桐比赛一局。梧桐的身体很灵活，他巧妙地晃过爸爸，带球来到球门前，用力一脚，球进了！梧桐高兴得直蹦！

咔嚓，妈妈抓住了儿子这一精彩瞬间。爸爸把梧桐高高举起来，“儿子，真棒！”

“爸爸，咱们再踢一局！”

“行啊！这次可别想再赢爸爸了！”

草地上回荡着这一家人的笑声。

 照片墙让这个家更温暖

其实对于每一个家庭来说，毋庸置疑的，父母对孩子的爱是肯定存在的。但是怎么去爱、要用什么样的方法去传递爱，什么才是真正的爱，这却是每一个家庭需要去思考的。

一家人正在兰海的指导下动手制作“照片墙”，每一张照片都记载着一段回忆，记录着他们很多欢快的时光和一些值得纪念的日子

经过几天的沟通培训，梧桐一家和以前大不相同了。家庭成员之间的沟通建立起来了，这个家也就有了温度。为了让这个家更温馨，超级育儿师兰海特地为他们设计了“照片墙”。这不，一家人正在育儿师兰海的指导下动手制作呢。

妈妈挑选照片装入相框，爸爸往墙上贴相框，梧桐帮忙。

爸爸问梧桐：“这个相框正吗？”梧桐像模像样地看了半天，“有点歪呢，爸爸，你让我上去，我来帮你！”

奶奶看着一墙的照片，开心地直夸：“好好好。”

妈妈问梧桐：“梧桐，你喜欢哪张照片？”

梧桐说：“我喜欢这张！”照片上的梧桐正飞起小脚射门呢！

“妈妈，你喜欢哪张呀？”

妈妈喜欢爸爸带着梧桐在草地上奔跑那张，也喜欢梧桐紧紧靠在自己身上那张。每一张照片都记载一段回忆，妈妈都喜欢。看着照片，仿佛又回到了当时快乐的情景，妈妈甜蜜地笑了。

这正是育儿师兰海所希望的。这个家庭里面有一些代表着家庭成员的东西，记录着他们很多欢快的时光和一些值得纪念的日子。她希望自己离开以后，这段时间发生的事不仅仅留在她的脑海里，更能留在梧桐一家的记忆中。她希望梧桐一家记住他们自己的努力所带来的美好，更希望他们能延续这样的做法。爸爸妈妈要不断学习，学习理解一个孩子的心理，学习参与一个孩子的成长历程，才有可能真正地让梧桐的生活变得幸福。

兰海总结

让孩子感受到家的温暖

如果世界上有一个地方无论春夏秋冬都能给你温暖，那么，这个地方的名字应该是“家”。

遗憾的是梧桐家给我的第一感受却是冰冷。杂乱的玩具，摊放地上的被子，被掀翻的汽车，还有大片的白墙。然后就是妈妈和孩子之间的战争，奶奶和妈妈之间的冲突，奶奶对于拍摄的抗拒，紧接着是爸爸的置身事外和梧桐的大脾气。

所有的一切让我感到窒息。不仅是我，还有所有人。在喧闹中我感到的是寂静和孤独。我把自己放进梧桐的世界，他感受到什么？他为什么有如此激烈的行为？他为什么会突然之间变得乖巧？他为什么会在哭闹之后露出笑容？他是否也同样感受到冰冷？

我还记得那天的晚饭是在梧桐家楼下吃的，平时吃饭的时候大伙儿都有说有笑的，而那天，没有一个人说话。十月的夜晚已经很冷，昏暗的路灯下只有我们的饭盒泛着冰冷的白光。难道冰冷也会渗透？回到住地，总导演和我开会讨论第二天的家庭会议。我们都能从对方的眼中看到困难。是的，爸爸的无所谓和奶奶的抗拒让我们意识到拍摄随时有可能被中断，而顶住一切压力想要改变的妈妈是否还能承受？也许，家庭会议将会是我们最后一次和这个家庭对话的机会，但也可能是这个家庭转变的开始。

此时我们接到爸爸的电话说他上午七点十五分必须离开家，他只能给我们十五分钟的时间开会。总导演立刻和摄像指导确认了拍摄方案，和制片确认每个岗位的出发时间。最后，总导演跟我说：“兰海老师，按照你的想法去做，我相信你。”

其实，“相信”是世界上昂贵的两个字。我想了三种不同的谈话方案，说实话比我平时工作中要面对的家庭谈话困难太多。虽然我预料到很多问题，但现实永远比我想的艰难。清晨六点四十五分我进入梧桐家，空气完全凝固，总导演、导演、摄像师和灯光都看着我，大家都不知道接下来会发生什么。我调整了自己的情绪开始开家庭会议，爸爸开始抽烟看电视。但随着话题的深入，他的注意力开始转到我的谈话上。直到他说出“我愿意配合”，我心里的冰冷开始慢慢融化。所有人的脸上开始有了表情，然后爸爸主动说他可以晚离开家一会儿，可以和我们一起制定家庭规则。

而在旁边听到家庭会议的奶奶也很快出门了，当她回来的时候手里拿着烧饼。奶奶给每个人都买了早餐，然后为自己昨天的行为逐一给摄制组成员赔礼道歉。

这个时候，转变已经发生了。慢慢地，我开始感受到这个家庭的温度。我想看了节目的你们也感受到了，从妈妈表情的柔和，奶奶的鼓掌，爸爸的参与到妈妈和梧桐的拥抱，爸爸脸上的笑容。这个家在一点点地融化，而梧桐的脸上也写上了灿烂。

温度！逐渐让这个家庭升温，才能让每个人内心温暖，才能让彼此感受到爱。而只有在爱的环境中长大的孩子才有爱，才会去爱，才有能力爱。

这是一个有爱的家庭，但却无法把爱传递。所以，沟通，情感的沟通才是解决问题的核心。我用到的所有技巧都围绕着“沟通”进行，帮助他们学会沟通的方法。

有网友问，既然是解决孩子的问题，为什么要去处理父母关系？这又不是家长里短的社会节目。

我特别想告诉大家，我们每一个人都来自家庭，我们每一个人都是家庭的产物。如果我们不放到家庭的系统去考虑孩子行为背后的原因，那我们会错失改变的真正机会。

所以当被问到《超级育儿师》和美国原版有什么区别，我想说，其实**真正的区别就在于我更关注家庭的整体建设、孩子行为背后的原因和家庭成员的内心需要。**

但是我们的共同点是没有改变的，就是需要客观地观察孩子的行为所处的环境，通过家庭会议达成共识，用系统的辅导方法和独立实践的方式帮助父母真正掌握技巧。就像每个国家的房子都有客厅、卧室、厨房和厕所，但是风格会根据环境和文化各不相同。

明天是周末，如果有空，和您的家人一起，全家活动吧，让家里的温度是温暖的。

育儿小问答答案

A和B。父母需要严格地控制使用时间，同时，增加有意思的活动内容。

兰海解析：任何游戏都是为了满足孩子内心的需要，父母在逐渐控制时间的基础上，增加有意思的活动内容来替代电子产品对孩子内心的满足，才能达到真正的效果。

艰难的“独立”战争

上海宝宝天天家三代同堂。外公外婆无微不至地照顾着小辈们的生活，一家人其乐融融。

外婆是这个家庭的核心，她几乎包揽了天天的所有事情，帮天天洗脸，喂天天吃饭，送天天上钢琴课。天天的爸爸妈妈乐得清闲。在外婆无微不至的照顾下，六岁的天天独立生活的能力不及同龄孩子：她不会独立洗脸刷牙，一顿饭有时能吃几个小时，也不喜欢做自己做不好的事情。

马上就要上小学了，这可怎么行？大人们都很着急。别着急，超级育儿师兰海来帮助你们啦！

育儿小问答

怎样让孩子上学不迟到?

A. 提前半小时叫醒他们。

B. 如果他们穿衣服磨磨蹭蹭就提出警告。

C. 提前一天做好准备，第二天帮助他们做自己应该做的事。

不独立的父母和想独立的孩子

叮咚——有人来了，妈妈去开门。“我去开！我去开！”天天喊叫着冲到门口。“好好，一起开。”妈妈无奈地说。

“你们好，我是超级育儿师兰海！”兰海跟妈妈和天天打招呼。

天天连招呼都没打，一溜烟儿跑开了。爸爸、妈妈、外婆热情地欢迎超级育儿师的到来。

“我今天来的目的就是观察，你们像平常一样，该干什么就干什么。”

交代好一切，育儿师兰海的观察正式开始。

天天对外婆很没礼貌

刚进门，育儿师兰海就发现天天对外婆没大没小。

“老太婆，老太婆！”天天这样称呼外婆。

“又没规矩了。又没规矩了。”外婆一点也不生气，只是好脾气地笑。

天天是个非常活泼好动的孩子。她对着兰海做各种怪动作，挤眼睛、噘嘴巴、翘鼻子、跑过来爬过去，一刻不消停。

妈妈安排她画画，她把脚跷上了桌子，“我要画个妈妈！”

“坐好了，”妈妈帮她把腿放下来，“画什么都行。”画上画了，天天这才踏实会儿。

外婆要做饭了。她举起新买的黄花鱼给天天看：“天天，看，好大的黄花鱼！好好画画，外婆给你烧鱼吃！”

天天不耐烦地喊：“老太婆，不要废话，还不赶快做饭！”

“好好好。我去做饭。”外婆对天天的不礼貌习以为常。

洗鱼，刮鳞，开膛破肚，进油锅。厨房里，外婆一个人忙活得热火朝天。鱼炖上了，再做个虾。天天正是长身体的时候，营养得跟上。还得准备两个素菜，荤素搭配，营养才全面。这边洗包菜，洗西红柿；那边，鱼赶紧翻翻个儿。

看得出来，外婆是这个家庭里的一把手。妈妈从小在外婆的呵护下长大，到现在都非常依赖外婆。爸爸性格温和，不善言辞。在这个家里，他总是习惯平静地看着周围的一切。

这会儿，爸爸在客厅悠闲自得地品茶。妈妈坐在天天身边，闷头玩手机。这小两口，真坐得住啊。

饭做好了，外婆要带着天天练会儿琴。天天躺在地上耍赖：“我不去！”外婆俯下身，想在天天耳边说什么。

“废话少说！我就是不去！”外婆不死心，还想劝说天天。

“讨厌你，走开！就是不弹！”天天爬起来，进了自己的房间，“我不出来了！”

爸爸妈妈似乎很习惯天天的表现，谁也没有站出来批评天天，外婆是长辈，这么对外婆大喊大叫是很不礼貌的。从头到尾，妈妈只说了一句：“天天，你小点声。”而爸爸，一直慢慢悠悠地品着自己的茶，好像家里的一切都跟他无关。

这种状况让育儿师兰海很吃惊。这个家里似乎只有一个成年人，那就是外婆。老人冲在生活的第一线，事事亲力亲为。爸爸妈妈没有责任感，只顾自己娱乐。教育孩子的事，也完全推给了外婆。这怎么行呢?

 满屋子折腾的天天和充耳不闻的大人们

快吃饭了，爸爸妈妈还是在桌前各忙各的。天天坐在沙发后面的地板上偷偷吃饼干。

现在还吃饼干，一会儿怎么吃得下饭。超级育儿师兰海看着天天。天天把手摆成手枪状，对着兰海：“砰砰砰！不要！不要！不要！”

妈妈听到动静，头也没抬：“天天，干吗呢，偷吃饼干呢？不要吃了，快点洗手吃饭。”

“不要！不要！不要！”

妈妈还在翻看手里的书：“去拿筷子，宝宝！”

妈妈给天天布置的任务只停留在口头上，天天不做，也没什么。妈妈也只忙自己的事情不帮外婆。有外婆在，妈妈也像一个小孩子。

一家人都围着餐桌坐好，天天过来了。她指着妈妈的座位，不高兴地说：“妈妈，我坐这儿！”

“哎哟，让给你！”好容易坐下了，天天不好好吃饭，闹起了各种不痛快。她一会儿嫌菜不好吃，一会儿不许大家吃她喜欢吃的大虾，屁股上像长了刺儿，坐在椅子上来回直晃。

外婆自己顾不上吃饭，一直忙着照顾天天。剥虾、挑鱼刺、夹菜、喂饭。天天好容易吃进一口，又吐出半口。嘴边沾了点儿油，直接就蹭到外婆胳膊上。

爸爸妈妈都不理她，各吃各的。妈妈夹了一个大鸡腿，吃得挺香。天天吃吃停停，半天了，还剩大半碗米饭。她溜下桌，想看会儿书。

外婆拉住她：“你能踏踏实实坐上两分钟吗？”

“不能！”天天一边说，一边对着外婆做鬼脸，嘴里还含着一口饭呢，这口饭都含半天了。正像妈妈说的，都含出水了也不咽下去。

外婆又追着喂了几口，天天还是逃下了餐桌。她满屋子跑来跑去，最后干脆就躺在地上乱踢腾，发出各种稀奇古怪的声音和胡言乱语。半个小时过去了，没有一个大人过来批评天天。

育儿师兰海看得直摇头。六岁的孩子做错事应该被指正。而这个家庭选择了集体充耳不闻，任由天天满屋子折腾。究竟是太溺爱孩子，还是有其他原因？

 天天只做自己擅长的事

晚上九点，天天的房间里响起了钢琴声。这是外婆在带天天弹钢琴。妈妈坐在一旁看着。一年后天天该上学了，外婆准备回到自己家去住。天天弹琴的事情就得由妈妈来负责，现在先掌握一些情况吧。

外婆戴着眼镜，一边看天天的指法，一边看着琴谱，非常认真。

天天弹错了一个音。外婆说：“不要急。”

“哎呀！”天天讨厌外婆说话。

外婆耐心地指着琴谱：“这里是135，不是134，不要着急就好了。”

天天用力推开外婆的手，“就不要弹这首！我讨厌弹这个！”看着外婆还想说话，她用手去堵外婆的嘴。

“好好，我不教你弹。”

“走开走开！”生气的天天使劲拍打琴谱。

“你刚才弹得已经比第一遍好多了！”妈妈鼓励天天，可天天根本听不进去。

天天就是这样，不接受自己做不好的事情。小时候家人表扬她太多了，她慢慢就觉得自己非常优秀。一旦觉得自己哪里做不好，就逃避再做这件事情。

兰海很清楚，这一切是因为天天太看重结果所致。她只想成功，所以只

做自己擅长的事。妈妈已经认识到天天的这种状况非常不好，可是怎么改变，她没有好的方法。

- ◆天天对独立的渴望一直被家人忽视，而天天的习惯性行为又在被家人纵容。如果我们错过了孩子对“独立”的渴望，也就失去了帮助孩子完成独立的最佳时期。
- ◆妈妈的不独立让外婆始终处于“唯一家长”的位置，一个不独立的爸爸或妈妈没有办法给孩子树立榜样作用。
- ◆最懂教育的爸爸怕发生冲突躲在后面，溺爱有加的外婆掌握教育大权，孩子的成长不能淹没在成年人为了维护关系的妥协中。
- ◆在家里听惯表扬的天天不愿意参加幼儿园的集体活动，害怕失败。
- ◆我们需要发现孩子内心需求，一个孩子的成长需要的不仅仅是一个人的努力，更重要的是家庭中每个人的坚持和相互之间的合作。

父母是孩子的起跑线

通过观察日的观察，超级育儿师兰海对这个家庭有了充分了解。有一点非常好，这个家庭不缺乏爱。爸爸和妈妈感情很好，外公外婆很爱妈妈和天天。兰海一直坚信，爱是解决一切家庭问题的基础。在爱的基础上，提高认识，统一观念，这个家庭的问题就一定能得到圆满解决。

超级育儿师兰海已经设计好解决方案，她需要一步步来实施。

爸爸在逃避

育儿师兰海给天天家召开的家庭会议很特别。一个家庭会议要分三次来召开。第一次是家长会，兰海要单独给爸爸妈妈开。

爸爸妈妈非常期待这个家长会，天天的问题困扰他们好多年了，他们特别希望超级育儿师能给他们一个有效的解决方法。

家长会在期待中开始了。

兰海开场：“首先我必须要说天天非常可爱，但是她很不独立。看到她今天的问题行为，我会更担心她的未来。天天马上要读小学了，她在调整自己的状态，她内心里其实挺渴望能成为一个独立的人。怎么改变，你们想过吗？”

兰海的开场一下抓住了爸爸妈妈的心。

“我想首先是大人的改变。”兰海看着妈妈，“妈妈首先要做到自己的独立。然后对天天有态度上的改变。”

妈妈点头。妈妈自己也知道，有外婆在，自己一直都在依赖外婆，也想过要独立，但总没有具体的行动。

兰海转向爸爸，她直视爸爸的眼睛：“我感觉到爸爸好像在回避，其实你心里特别明白你需要做什么。但是你在犹豫。”兰海凭观察日的直觉意识到，妈妈是过分依赖外婆，但爸爸不是。爸爸很清醒，但是故意不作为。

兰海说中了爸爸的心事：“我们家里一直是外婆照顾。很多时候我觉得应该用我的方式去做，但是，毕竟长辈很辛苦，如果我坚持我的做法，很可能会给她带来心理上的冲击和伤害。所以我还是选择了不说。”

爸爸的这种心理是很多三代同堂家庭中年轻一代父母心理的写照。但是保持沉默也需要方法，顺从和回避显然不能解决孩子的问题。

父母是孩子的起跑线，爸爸妈妈是这个家里必须要做出改变和做出决定的人。

妈妈和外婆都哭了

为了帮助两代人之间进行良好的沟通，也为了让妈妈意识到自己独立的重要性，育儿师兰海在第二次家庭会议上特别请外婆来参加。她希望爸爸妈妈借这个机会说出自己的真实想法。

这个家长会在爸爸妈妈复杂的感受中开始了。

“外婆是这个家里面最辛苦的人。”育儿师兰海说。她非常理解外婆这一代人。他们没有自己的生活，所有生活的重心就是围着孩子们转。过了大半辈子，他们看透了很多事情，孩子的快乐被奉为第一位。所以对孙辈们，他们往往特别溺爱。

“外婆，我想说，一年以后您要回自己家里。天天上小学了，需要他们两个人来单独带她。所以现在最好的办法，是您把照顾天天的接力棒交给他们。”兰海说得很委婉。

外婆点头。她知道兰海老师说得都对，可是自己的心里还是忍不住有一些失落感。这么多年一直照顾着他们，都成为习惯了。真放手了，他们能照顾好自己，照顾好孩子吗？当老人的对孩子一百个不放心啊。

“现在妈妈有什么话想对外婆说吗？”兰海用鼓励的眼神看着妈妈。

做女儿的当然能体会到妈妈的内心感受，天天妈妈不敢看外婆，她说得很慢：“现在的话，就是希望老妈，就是——”妈妈哽咽了，眼泪涌了出来。她赶紧低下头，用手抹去眼泪。外婆从来没有离开过自己，让自己独立生活。这一刻，她发现自己对外婆有那么强烈的不舍。但是，为了解决孩子的问题，也为了老妈能够轻松，自己又必须要独立。

爸爸理解妈妈的感受。他还记得妻子前一次落泪是在结婚的当天，外婆跟她在婚车上告别，妻子哭成了泪人。

外婆也流泪了，她帮女儿补充上了没说出口的话：“放手吧。”

“基本上没跟她分开过。不舍得。”外婆跟兰海说着，眼泪止不住涌出来。

眼泪是一种不舍，是一种释放，更是一种告别。兰海知道，外婆和妈妈都接受了必须要分离的事实。第二次家庭会议，两代人之间的沟通顺利，达到了育儿师兰海的预期目标。

天天参加了第三次家庭会议

对于所有要面临上小学的孩子来说，最重要的是要有明确的规则意识。第三次家庭会议专为天天而开。一家人坐在一起，制定未来一年的家庭规则。

第三次家庭会议专为天天而开，一家人坐在一起，制定未来一年的家庭规则

超级育儿师兰海拿出一大张纸，对全家人说：“你们看，我给天天准备了一张大纸，大家轮流发言，想一想为了在这一年做好准备，天天需要做什么。妈妈先说一下。”

天天很期待一年后的小学生活，可是她觉得大人们有点小题大做。

“首先呢，要晚上早点睡觉，争取在九点钟之前睡着。可以吗？”妈妈说了第一条。

“能不能做到？”育儿师兰海、爸爸、妈妈、外婆全都盯着天天。

天天翻翻眼睛，这条还算容易，“能。”

爸爸对天天的回答很满意，他轻轻拍拍天天的小肩膀，以示表扬。天天跟爸爸相视一笑。兰海发现，爸爸其实很有教育方法。

外婆来提第二条：“外婆希望天天早上能早一点起来，因为要上小学了！”

天天最不喜欢听外婆说话，她用尖叫声打断外婆：“呀——废话！废话！废话！”

见到这种情况，兰海严肃地对天天说：“先停一下。如果我们在讨论的过程中，你总是用这种语言去打断别人说话，那就不叫讨论了。这点你必须清楚。”

这个超级育儿师怎么突然变得这么厉害。昨天还不管我呢。天天噘起了小嘴巴。我平时就这么对外婆，从来没人管我！

“你能同意吗？”兰海追问。

天天不想回答。她做了一个狠狠出拳的动作。可是育儿师兰海根本不理睬她的动作，而是直视她的眼睛：“你能同意吗？我要你明确地告诉我，能还是不能。”

看来今天逃不脱了，天天是个聪明孩子，尽管很不情愿，她还是说：“能——”

好，得到了天天肯定的回答，家庭会议才继续进行。兰海想通过自己的处理给爸爸妈妈做一个示范，孩子有错误的语言和行为时，一定要给她指出来，并且告诉她正确的做法是什么。

有了这一回合的较量，天天安静了许多。家庭规则制定完了，妈妈把制定好的规则都写在了育儿师准备的大纸上。标题是：天天的预备小学生生活表。生活表贴在了墙上醒目的位置。

看着“早上6:30起床”这条规则，妈妈感觉有了一种责任感。独立首先从告别睡懒觉开始吧。

与孩子一起学会独立

家庭会议结束了。超级育儿师兰海明白，虽然家庭规则看上去要改变的是天天，但实际上是这个家庭的成年人要一起有所改变。

为了解决天天不好好吃饭的问题，育儿师兰海准备了道具，一个由彩色纸板拼成的消化系统结构的模型。这个模型做得很逼真，大小跟天天差不多。

兰海把这个道具交给妈妈，给妈妈布置任务：用科学的方式给天天讲解人的消化系统是怎样进行工作的。天天已经六岁了，对于她这个年龄的孩子，不能只告诉她怎么做，还应该让她知道为什么这么做。

妈妈完全有能力独立管理天天

领了任务，妈妈立刻行动。她喊天天：“天天过来，我们一起玩一个游戏。”

天天最喜欢玩游戏了，她乖乖地跟着妈妈一起来到模型前。

看到跟自己一般高的模型，天天开心得直蹦，“这是我呀！”她还认真地跟模型比了比个儿，“比我矮一点点！”

“这是小时候的你哦。”妈妈很会调动天天的兴趣。

妈妈的讲课开始啦。什么是消化系统，什么是食管，哪里是我们的胃，哪里是肝脏……

“你总是把饭含在嘴里，这样容易长什么？”妈妈的启发式教学把天天牢牢吸引了。

“会长细菌！”对于理解和表达能力都很强的天天来说，她需要知道不良饮食习惯对身体的危害，需要知道原因而不是简单的要求。

“对喽！嘴里长了细菌，细菌进到身体里，天天就会生病。生病很不舒服，是不是？”

……

妈妈讲课不仅条理清晰，还很有趣味。在妈妈的调动下，天天不懂就问，学习兴趣浓厚。

兰海一方面让妈妈开始承担教育责任，另一方面也教会妈妈掌握给孩子讲道理的技巧，发挥妈妈的榜样作用。在执行的过程中，天天会耍点小脾气，兰海便借这个机会教妈妈如何给孩子提要求以及注意自己的说话态度和方式。

妈妈的出色表现让爸爸和外婆很高兴。原来，妈妈完全有能力独立管理天天哦，她以前都不知道自己有这种力量。

育儿师兰海不住地肯定妈妈：“你做得很好！”

兰海支招

“给孩子讲道理”的技巧

- 如果是客观存在的道理，用科学知识。
- 用图示说明。
- 用小朋友能理解的语言，适当举例，可以互动。

◆讲述过程中观察孩子是否明白，可以做适当调整。

◆讲述完成后，询问孩子是否明白并解答提问。

◆鼓励小朋友讲给别人听。

超级育儿师给天天上了堂沟通课

天天学会了关于消化系统的知识，为了加深印象，妈妈让她讲给爸爸和外婆听。可是一面对外婆，天天就不听话了。她从小就知道外婆宠她，她就喜欢跟外婆对着干。

天天拒绝听外婆说话，爬到了沙发的另一头。外婆叫她回来，她不肯。

外婆的表情有些尴尬，耐着性子喊天天：“天天老师，天天老师，来上课了！”

“我不是老师，我是小孩！”天天躲得更远了。

天天完全不听外婆的话。育儿师兰海告诉妈妈，这时必须要把天天叫回来。

妈妈走到天天身边，怕天天不回来，她用了一个策略：“你刚才完成得很棒。妈妈要给你一个小小的奖励。”

“什么奖励？”

“你过来就知道了呗！”

居然用这样的方式让孩子回来？这是非常错误的。育儿师兰海赶紧对妈妈进行辅导，对天天提要求时要特别注意两点：一是不要用商量的语气，要用肯定的口吻；二是不能用给奖励来吸引天天，以后要是没奖励了，天天还能听话吗？妈妈的悟性很高，经兰海一点拨，立刻明白了。教育孩子真是需要不断学习啊，妈妈很感慨。

育儿师兰海给天天布置了一项新任务：给消化系统的每一部分写上名字。这项任务天天不能独立完成，她需要大家来帮忙。

“外婆，你给我扶着！”“废话少说，快点画！”“我说过，每一个部分名字都不一样！”

天天对所有人呼来喝去，很不礼貌。超级育儿师兰海决定给天天好好上一堂沟通课。

育儿师兰海认真地看着天天：“你需要好好地和大家说话，你刚才这叫嚷嚷了，嚷嚷是很不好的一个行为。”

天天不想听兰海讲道理，她想走开。如果这一次由着天天，那接下来的教育会更加麻烦。兰海坚持把天天抱到了自己身上，让她坐好。

天天扭动着身体，想找妈妈帮忙，她撒娇地喊：“妈妈——”妈妈没搭理她。

“天天，你看着我，不要做怪相。”育儿师兰海表情很严肃，“对待所有的人需要有礼貌。我知道你有的时候不知道什么叫作礼貌，比如说嚷嚷，比如说‘不许说这些废话’，这些都是不好的。”

没有人来帮自己，天天的气焰收敛了许多，也不再做鬼脸，开始安静地听兰海说话。

看出天天的变化，兰海缓和了语气：“我知道你能改的，好吗？”

天天小声地回答：“嗯。”这是以前从未有过的。育儿师兰海的管理示范让一家人很有感触。

外婆意识到自己以前太惯天天了，结果让天天现在一点规矩没有，也完全不听自己的话。

爸爸也想了很多，天天变成今天这个样子，自己和妈妈要负主要责任。超级育儿师说得对，这个家里一直没有正确的声音发出来，没有人给孩子指出对错，那孩子又怎么知道怎样做是对的？以前自己一直没有勇敢地站出来，是自己在逃避。其实，跟老人沟通好，用制定规矩的方式管理孩子，也许并没有那么难吧？

天天的“餐桌礼仪”

第一堂沟通课结束，第二堂吃饭课开始。

超级育儿师兰海带着爸爸、妈妈、外婆和天天一起制定了天天的“餐桌礼仪”。有了沟通课上的交锋，“餐桌礼仪”的制定非常顺利。

天天给自己提了两条：一是吃饭时不能看书，二是不能离开座位。爸爸妈妈提了一条：自己吃饭，不要人喂。育儿师兰海提了一条：四十分钟内吃完饭。加起来一共四条。

兰海问天天：“这四条能做到吗？”

天天回答得很痛快：“嗯，我能做到的！”

这个要求其实是需要全家人共同遵守的。在家庭环境中，当我们对某一个人提要求，实际上也是对其他的家庭成员提出行为上的限制和约束。比如当天天离开座位之后，就需要其他人提醒她，而不能迁就妥协。

兰海还为天天准备了很多小星星贴纸。做到一天，就在“餐桌礼仪”上贴一张。对于“独立需求”爆发的天天来说，让她完成对自己的行为记录是一个很好的方式，能够帮助她进行自我管理。于是，“贴星星做记录”就成为天天自我管理的工具，这也会让天天很有成就感。

“餐桌礼仪”写上了纸板，和家庭规则并排贴在了一起。看见它，天天就知道自己再也不能在吃饭的时候为所欲为了。

“餐桌礼仪”到底能不能发挥效力？超级育儿师兰海对此很有信心。爸爸也觉得，如果大人们都坚持原则，天天应该完全可以做到。关键是，这个家庭的每一个大人是不是能够坚持这样的原则。

外婆没有遵守规则

开饭啦！

饭前，育儿师兰海让妈妈提醒天天，四十分钟内必须吃完饭，并嘱咐大家配合一下，都不要喂天天吃饭。

有了餐桌礼仪的约束，天天明显比以前有了很大进步。吃饭知道抓紧了。第一次自己盛汤。没有坐在椅子上乱动。

“妈妈，我的饭快吃完了！”天天很高兴。妈妈表扬她：“非常好！”

好像有点饱了，天天习惯性地放下碗，想下地。刚一转身，看到育儿师兰海正微笑地看着她。对了，不能离开座位的，想到这一点，天天马上坐好了。她得意地看了看兰海，兰海对她竖起了大拇指。

有进步归有进步，长时间形成的习惯不会一下子完全改变。天天又含着一口饭，半天没有咽下去。吃饭速度也明显慢了下来。兰海示意，这个时候爸爸妈妈要适当提醒一下。

妈妈：“天天，注意时间，四十分钟快到了。”

爸爸：“天天，嘴巴动起来。”

天天有点畏难情绪。碗里还有一大口菜，虽然是自己盛的，可是现在不想吃了。平时一顿饭能吃那么久，今天慢一点就不行吗？天天扒拉着碗里的菜：“我不想吃了，会很呛的。”

爸爸很坚持：“一口不要吃太多，你可以做到的。”

外婆很心疼，忍不住替天天求情了：“如果这一次菜盛得多，就算了吧。”

天天看了看爸爸，又看了看外婆，听谁的？

爸爸继续坚持：“你就快要吃完了，嘴巴动起来！”

外婆又插话了：“今天就算了吧。这一次太多了！”外婆觉得今天天天有了好大进步，这就够了，而且，孩子说了吃了会呛，没有必要非把那点菜吃下去啊。

爸爸沉默了，不再说话。天天观望了一下大人们的动向，留下没吃完的菜，溜下桌走了。

育儿师兰海理解爸爸的沉默。她也知道爸爸内心一定非常纠结。爸爸管理天天的时候，外婆的介入太频繁了。这会让天天觉得，没有什么能约束她，什么规则都可以随意被破坏。但是爸爸又能怎么办呢？老人太心疼孩子，如果自己一味坚持，可能会惹得老人不高兴，破坏家庭的和睦气氛。

外婆还有一年才离开。未来的一年难道要这么继续下去吗？兰海觉得，爸爸需要坦诚地说服外婆，只有这样，才能及早改变这种教育不统一的局面。

爸爸和外婆的正面交锋

是时候让爸爸发出自己的独立宣言了。爸爸是这个家里对天天最有方法和影响力的人。如果他再不勇敢地站出来，家庭规则将不能有效执行，天天也将很难有根本性的转变。兰海相信，爸爸一定在内心多少次想过自己应该怎么教育孩子了，但是他一直没能做出来。

为此，育儿师兰海又安排了一次家庭会议。这次会议只有兰海和爸爸、外婆三个人参加。在天天的行为有所改变之后，兰海希望爸爸和外婆之间建立全新的沟通方式。爸爸必须勇敢地表达自己的观点，因为孩子的成长机会稍纵即逝，无法等待。而外婆也需要通过这样的对话明白晚辈的想法。**隔代教育最大的问题就是双方无法进行真正有效的沟通，在良好的沟通之后我们经常发现，其实我们认为的那些矛盾观点根本就不矛盾，不过是我们无法理解对方。**

爸爸似乎有些紧张，外婆也很不自然。育儿师兰海打破了僵局：“爸爸以前有这样的机会给外婆提要求或者希望吗？”

“提过。大家提出过不同的意见。但是毕竟是长辈。不可能外婆不按我说的做，我就翻脸什么的。实在不能改变，我也就干脆不提了。”爸爸说得很慢，很犹疑。爸爸很怕自己的话哪句说得不对，会伤了外婆的心。

外婆是明事理的人，她理解女婿的良苦用心，也知道女婿为了家庭的和睦，不断做出让步。她对女婿一直是挺满意的。她只是不放心女儿和女婿，觉得他们照顾不好自己和孩子。

在育儿师兰海的鼓励下，爸爸对外婆说出了自己的要求：“希望我们在制定规矩或者在教育天天的时候，外婆不要再发表不同的意见。如果有不同的意见，我们可以私下沟通。”

外婆回答：“教育上，我肯定是放得下手的；就是生活上，我实在放不下手。如果我不在，小孩怎么办，她毕竟小，自己一个人。”

爸爸：“我像她这么大的时候，一年级放学自己回家，自己做饭。没有不行的，一旦您不在，我会推掉很多应酬来照顾孩子。”

“万一推不掉呢？”

“总会有办法的。”

……

这是从未有过的一次爸爸和外婆正面深入的交流。育儿师兰海觉得这非常好，他们需要这样的坦诚交流。这对家庭的和谐和天天下一步的教育都大有好处。通过交流，爸爸知道了外婆不放手的原因。老人是对爸爸妈妈独立生活的能力有所担心。通过交流，外婆也知道了爸爸的想法，为了孩子，他可以做出很多改变。

天天的确有问题，外婆也很清楚这一点，一到关键时候，自己总是会没原则地包容孩子，的确不如年轻人管理得好。虽然尽是不舍和不放心，但外婆表示，自己还是要选择后退了。

妈妈带天天享受运动

爸爸和外婆达成了共识，超级育儿师兰海的下一个辅导任务是降低天天的成就动机。

天天一直比较抗拒竞技类的运动，因为这些运动会给她带来失败。这一次，育儿师兰海特地安排妈妈带天天去滑冰。这也是培养妈妈独立能力的好机会。希望天天能够享受过程，不再只看重结果。

出发之前，兰海先给天天进行了心理疏导。

“天天，我觉得你并不是不喜欢做运动。你是怕有时候会不如别人。”天天点头。

“可是第一名和最后一名，都是你参加了才知道的啊。得第几名不重要，享受中间的过程才最重要。比如画画，你是一开始就画得很好吗？”

“我以前画画很差的。我每天都在家里练，才画得好了。”

“对啊，运动也是一样。刚开始我们肯定做得很不好，慢慢练练就会有进步了！所以不要怕，今天我们去试验一下。”

这是妈妈第一次独自带着天天出来运动，妈妈感到很新奇。她为天天和自己准备了滑冰需要的东西。可能没有外婆的提醒，妈妈第一次的准备不周全。但是妈妈有信心以后自己会做得越来越好。

穿戴整齐，妈妈带着天天进了滑冰场。

天天穿着冰刀，颤颤巍巍走在冰上，一不留神就摔了一个屁股蹲儿。育儿师兰海注意到，摔倒的同时，天天顾不上疼，她首先关注的是兰海和妈妈有没有在注意她。当她发现妈妈比她还紧张时，她一下就释然了。原来所有的人都一样啊。

对于初学者，摔跤最正常不过。教练叔叔给天天和妈妈讲解摔跤后起立的方法。看着教练叔叔单膝跪下的动作，天天恢复了她活泼的一面：“这个动作像求婚。”妈妈附和着：“对，一个膝盖向另一个膝盖求婚。”真是个有趣的说法。两个人很快学会了这个动作。

父母是孩子最好的示范，在学习滑冰的过程中，妈妈不断摔倒又不断地爬起来坚持练习，让天天感受到每个人都会“输”，而这样的输并没有被嘲笑，反而获得表扬和鼓励。于是天天开始尝试，享受运动的过程。随着动作的熟练，天天越来越享受滑冰了。虽然她摔了一跤又一跤，却全没有了第一跤时的警惕和紧张。因为没有人拿她去跟别人比较。

在冰场里，举着两只小胳膊找平衡的天天像一只快乐的小天鹅。超级育儿师兰海觉得，这才是真正的天天。天天也没有想到，第一次滑冰的感觉这么爽。摔跤的过程也很刺激，很快乐！自己以前回避各种运动项目，真是太傻了。

对于初学者，摔跤最正常不过。教练叔叔给天天和妈妈讲解摔跤后起立的方法

育儿师兰海告诉妈妈，降低成就动机的最好方法就是鼓励小朋友去挑战新鲜事物，以后妈妈要多带着天天做各种运动，教会她享受过程。而妈妈则第一次体验了单独和女儿一起学习新东西的快乐。这对妈妈也是一种鞭策，妈妈以前陪孩子太少了。以后，母女俩一起成长吧！

兰海支招

减弱孩子成就动机的技巧

- 不要回避结果。
- 关注过程。
- 赞赏突破。

用积极的行动让外婆放心

通过几天的辅导，大家都有了显著的进步。超级育儿师兰海会离开几天，期待他们有更好的表现。

时间过得真快，育儿师兰海对这个家庭的最后一次家庭会议要开始了。会议的内容是分析大家这几天的表现。

爸爸和妈妈觉得这几天自己做得不错。究竟怎样，兰海准备播放这几天的视频，大家一起来观看。

把滚出来的东西再滚到嘴巴里去

早上六点半，妈妈挣扎着爬了起来，叫天天起床。这个时候，外婆、爸爸都已经起床了。妈妈独自给天天做早餐。外婆很配合，他们在一旁关注着妈妈和天天的一举一动，但是没有帮任何忙。

天天洗漱完毕，妈妈的早餐也做好了。一碗黏稠的八宝粥，一个白水蛋，外加一杯牛奶。

“我们争取在七点十分之前吃完早饭。我出来的时候，希望你已经完成一半了。”妈妈说话的口气不容置疑。外婆用欣赏的眼光看着妈妈管理天天，心里很满意。女儿教育起天天来，是比自己有办法啊。

吃了没两口粥，天天看见站在房门口的爸爸，大喊：“老爸，我根本不要吃蛋啊！”没想到老爸比妈妈还狠，表情严肃地走过来，撂下一句“自己看一下你的餐桌礼仪”，就回屋了。

唉，吃吧。天天开始小口吃蛋。爸爸要上班了，临走前又撂下一句话：“你自己自觉点。”

趁着天天吃饭，妈妈给天天梳头发。这以前都是外婆的工作啊。现在自己必须要做了。还好，不是很难。

“哎哟，妈妈，蛋黄滚出来了。”

妈妈的回答很有趣：“那快点把滚出来的东西再滚到你嘴巴里去。”

跟外婆道别，妈妈送天天去上幼儿园。幼儿园离家有一定距离，妈妈拉着天天的手走得挺快。

到幼儿园啦。妈妈在天天头上放了一个小布玩具，天天顶着这个布玩具开心地进了学校。看着天天滑稽的样子，妈妈笑得很开心。年轻人带孩子比较活泼，这是老年人不能比的。

看了这段视频，育儿师兰海问妈妈的感受。妈妈说挺累的，体会到了外婆的不易。自己才送一次，而外婆以前天天如此，真是太辛苦了！

外婆还可以做得更好

下面这段视频是关于外婆的。

外婆给天天切好了一个橙子，让天天洗过手再来吃。

天天自己吃橙子，老是吃不干净，一个橙子瓣，只吸了果汁，太浪费了。外婆让天天把里面的瓤都吃干净。

天天嫌麻烦：“我最不喜欢吃那些东西了！”

外婆拿起一个橙子瓣，把瓤和果皮分开，去喂天天，“一口吃下去！”喂完了，突然想起超级育儿师要求的要培养孩子的独立能力。她不再喂了，让天天自己吃。

一个大橙子很快吃完了，天天没吃够，还要吃一个。

想吃还不好吗？外婆最喜欢看到天天使劲儿吃东西了。她马上又给天天切了一个橙子。天天仔仔细细把第二个橙子也吃光了。

一家人看着这段视频，都很开心。兰海问外婆：“您觉得自己做得怎么样？”

外婆自信地回答：“我应该说自己做得比较好。”

“我要说，外婆还可以做得更好。第一，晚饭之前吃两个这么大的橙子，我觉得过多了一些。第二，外婆实际上是尝试在喂天天——”

外婆赶忙解释：“我可能是习惯性地去喂了她一两片。”

“所以我已经感受到外婆是想改变了。但是可能还需要方法，不要着急，今天我还会教你一些小技巧。”

育儿师兰海说话总是能抓住人的优点，同时又很自然地指出需要改进的地方，让人乐于接受。外婆觉得这个超级育儿师简直太棒了。

爸爸的巨大进步

爸爸也开始学习厨房里的事情，他带着天天一起帮外婆做饭。天天成功完成了一道蔬菜沙拉。

饭前，爸爸带着天天又读了一遍“餐桌礼仪”，读完，天天跟爸爸击掌一下，这是爸爸定的规矩。天天很喜欢这个小动作，这让天天对自己能够遵守“餐桌礼仪”充满信心。

晚饭天天吃得不错，在规定时间内吃完了饭。因为忘记了把吃过的碗放回厨房，爸爸还批评了她。

育儿师兰海看到了爸爸的巨大进步。不过她也指出了需要改进的地方。天天跟家人说话的语气还是很不礼貌。全家人需要慢慢提醒天天，说话的时候需要注意自己的用语和语气。

现在弹琴也由爸爸来指导了。爸爸安静地坐在天天的身后看天天弹琴，不给天天任何压力。

有一支曲子，天天怎么也弹不好，她生气地不弹了。爸爸耐心地劝慰她："如果觉得家里人没能帮助你，你自己不能独立完成，那也没关系。今天不弹了，但是明天上课的时候你要向老师提出来，请老师重点帮帮你。"天天很乐意接受爸爸的意见。

心理成长需要过程，孩子从知道到做到之前也有很长的路要走。而天天也需要在不同环境中试探别人对待"输"的看法。而原来一直回避问题的爸爸发挥了巨大的作用，他第一次当着外婆的面承担了教育角色，因为爸爸的勇敢和智慧让天天逐渐明白了她需要勇敢面对失败。

兰海很肯定爸爸的方法。爸爸让天天很放松，同时也知道自己的任务必须由自己想办法来完成。

育儿师兰海又教了爸爸两个方法。**第一，要关注过程，要赞扬孩子过程中间付出的努力。第二，要去赞赏孩子的突破。**比如这是你第一次做这件事，你做得真好。

爸爸感觉受益匪浅。他非常感谢兰海这些天来对自己家庭的指导和帮助。而这些，对他个人，对家庭，对天天，都意义重大。也是兰海唤醒了他内心深处的勇敢，让他勇于参与到家庭生活和对天天的教育中来。

有爱的生日蛋糕和"提醒手链"

虽然这两天还有不足，但超级育儿师兰海已经看到他们的进步。外婆要过生日了，为了巩固他们已取得的成绩，育儿师兰海给一家三口布置了一个新的任务：一家人亲手给外婆制作生日蛋糕。

兰海这么设计有深层的原因。在一个家庭中，每位家人的感受都需要被接纳和体会，不仅是孩子，还有老人。对于长期照顾天天一家的外婆来说，孩子们的逐渐独立会让她轻松，同时也会让她感到失落。因为外婆已经习惯了这种忙碌的生活，并在其中体会到自己的价值。这种失落情绪特别需要我的关注，老人会因为自我价值无法实现而伤心。所以，此时的外婆更需要全家人的关心和内心安慰。

好，秘密行动开始了。去超市购买材料，回到家紧锣密鼓地制作，在盛蛋糕的盘子里写上祝福的话，这一切都是爸爸妈妈和天天在瞒着外婆的情况下完成的。他们想给外婆一个惊喜。

激动人心的时刻来了。外婆被要求蒙上眼睛。天天把蛋糕端到了外婆面前，“好了，可以睁开眼睛了！”

“哇，好漂亮的蛋糕！”外婆又开心，又激动。孩子们这几天神神秘秘的，原来是在准备生日礼物，真是难为他们了。

兰海故意问大家：“我特别想知道为什么给外婆做这个蛋糕啊？”

天天说：“这是送给外婆的生日礼物！”

爸爸说：“借这个机会表达一下我们对外婆的谢意，谢谢外婆这么多年来对我们的照顾。外婆为了这个家庭付出了很多，真的非常感谢。”

妈妈：“谢谢老妈这么多年的照顾，祝老妈生日快乐，要对我们放心一点。”

这一家三口的表白，让外婆激动得说不出话来。她一下子感到他们三个人都长大了。她真的应该放心了！

一家人幸福地吃着自己做的蛋糕，笑声不断。外婆连连称赞：“真棒！很好吃，很好吃！”

这样的场景让育儿师兰海也很感动。她也拿出了自己送给外婆的礼物，三根漂亮的丝带。这个礼物很特别哦，还需要天天和爸爸妈妈一起编成手链送给外婆。

兰海送上这样一个礼物，是考虑到这个家庭两代人的沟通。她管这个手链叫

天天说：“这是送给外婆的生日礼物！”

“提醒手链”。如果改变一个孩子行为是困难的，那么改变一个成年人的行为则是难上加难。作为家里最受尊敬的长辈，如何才能提醒自己不要再犯错？如何让晚辈能够有礼貌地指出错误之处呢？外婆行为习惯的改变还需要时间，但没有什么能比为孩子的成长改变更有激励作用。兰海希望在她离开以后，“提醒手链”能提醒他们想起这段时间所付出的努力和取得的成果，能帮助他们找到一种合适的、舒服的相处方式。

育儿师兰海将要离开了，她最后说了这样一段话：“我希望你们能记住的是，为什么现在这个家庭有这么好的状态。这是由于我们家的每一个人都付出了努力。我离开以后，还能不能够像现在这样就取决于你们了。我希望你们能够坚持住！”

告别了这充满爱的一家人，超级育儿师兰海精神百倍地去迎接下一个挑战。

兰海总结

孩子的成长是绝对不能妥协的

每个人都身处于多元的人际关系中——社会关系、工作关系和家庭关系。

中国有很多家庭都会深陷于这样的复杂关系中：隔代关系不仅要面对孩子的教育成长问题，还要面对传统文化中“尊重”和“孝顺”的局限。

但是，“尊重”也好，“孝顺”也罢，真的与解决孩子的教育问题矛盾吗？或者说我们是否愿意理顺这种复杂的隐藏在内心深处的情感纠葛？

显而易见，天天生活在一个充满爱的家庭，夫妻之间的爱，外婆对妈妈和天天的爱，外公对全家的爱。

这些爱当中却让人有太多的妥协、服从和回避。

外婆承担了家里最繁重的工作，买菜做饭送天天去幼儿园，带天天上各种兴趣班，然后把各种情况反映给孩子的爸爸妈妈。“没有功劳也有苦劳”是天天爸爸妈妈心中最直接的反应，他们感谢外婆的操劳和辛苦。所以，在生活上备受照顾的天天爸爸不愿意和外婆产生矛盾，所以他让自己看不到。看不到外婆错误的教育方法，看不到孩子的不礼貌，看不到天天妈妈的不独立。因为他为“情”所困，为这种“恩情”所困。但是，比这个更重要的是天天爸爸对自己的自信，在他心中暗想着等外婆离开家之后，他一定能收拾局面。所以，他可以怡然自得地喝茶看报，因为在他看来，一切尽在掌握之中。

客观地说，天天爸爸是一个非常有教育感觉的人。他对天天是有方法的，但同时他也忽略了一个非常重要的问题，就是在成长中的孩子每一天都在变化，每一分钟都在逐渐地形成那个未来的她。当她已经认为自己可以那样说话，可以那样对待周围的人，可以只赢不输以后，你再去纠正她，孩子的内心会出现巨大的矛盾感，或已经形成一种默认的习惯。所以，我们可以慢慢“等待”孩子的成长，但这个等待是符合科学的个人发展规律的。等待不代表着无作为。这个家最有教育思想和办法的爸爸却回避矛盾，对自己的能力过于自信。

而这一切也传达着一种不信任，对外婆的不信任。不信任外婆愿意改变，不信任外婆有能力改变。

我，信任爱。我相信爱能包容每个人的错误，也能激发每个人的改变。

我做了第一步，在和父母的谈话中让他们意识到天天成长中迫切的需要以及他们必须要独立，承担天天的教育责任。

第二步，我邀请外婆加入谈话。首先理解外婆对天天、妈妈的爱，外婆其实有两个女儿，天天和她的妈妈，外婆不舍不放心。然后从天天发展的角度让外婆能够理解接下来我对天天爸爸妈妈的要求，就是外婆必须放权，必须放手。

第三步，我让外婆和爸爸正面交锋。在我能引导的谈话中，爸爸勇敢地说出了自己的想法，而外婆也说出了担心。最难的是，在外婆的压力下，爸爸能说出自己负责的话。这一次，孩子成长的重要性占了上风。

第四步，帮助父母独立和天天相处，并通过天天的变化让外婆感受到天天爸妈的能力。在我看来，信任分两个层次，一个是对人的信任，一个是对能力的信任。而外婆需要对天天爸爸妈妈的能力充分信任，才有可能真正地放权。

第五步，全家人对外婆表达感谢。我们需要接纳和体会每位家人的感受，不仅是孩子，还有老人。外婆的付出有目共睹，全家人对外婆的感谢是必须表达出来的，同时也能弥补外婆深深的失落感。只有这样，才能让外婆的情感缺失得到满足，才能保证全家人感情系统是完整的。

第六步，临走时送给外婆“提醒手链”。成年人的改变是困难的，但没有什么能比因为孩子而要求成年人的改变更有激励作用了。外婆行为习惯的改变还需要时间，但是父母应该如何提醒才是有效的呢？“提醒手链”既起到了提示作用，也让这种提醒方式令年轻的父母和外婆都能接受。

以上六个步骤是改变这个家庭最深层情感积淀的方法，只有让父母成为第一教育责任人才能让孩子有所改变，但同时也需要感恩外婆的付出和用事实证明自己的教育能力，这样才能让外婆心甘情愿地做出放手放权的选择。同时也让父母不会带有愧疚之心。

激发孩子行为上的改变需要物理环境的改变、人文环境的改变和心理环境的改变。往往这样的改变基于成年人的改变，基于家庭系统和关系上的改变。

很多家庭的改变需要我们确认一个立场。在中国复杂的家庭关系中我们会顾虑，会妥协，会回避，会退让。但是我们需要知道思考问题和做决定的立场是什么，孩子的成长是绝对不能妥协的，这个是我们最重要的立场。

发现问题不易，解决问题更难。但又有什么能比孩子的成长重要呢？作为父母，我们没有任何的借口去回避问题，否则，我们无法面对逐渐长大的孩子。

我知道自己不身临其中无法更加深刻地理解父母们的难处，同样我也知道说着容易做着难。但是，请记住，作为父母，你们是孩子的第一责任人，如果此时你们能面对自己的脆弱和胆小，那么请鼓起勇气在将来去面对镜子里那个一脸惭愧的自己。

育儿小问答答案

C. 提前一天做好准备，第二天帮助他们做自己应该做的事。

兰海解析：提前做好准备，让孩子对第二天充满期待，引导和帮助孩子独立完成自己要做的事，能有效地鼓励孩子和自己合作。

Chapter 4

缺乏安全感的家

家庭小档

北京宝宝小帅有个全职妈妈。妈妈对小帅要求很严格。小帅爸爸在外地上班，一个月只能回家休息几天。因为怕妈妈一个人忙不过来，家里还请了一个阿姨一起照顾小帅。

小帅很棒，不到两岁的他已经可以独立吃饭，而且吃得干干净净。可是他的爸爸妈妈却很担心一件事情：他们怕小帅因为贪吃而发展成肥胖症。

超级育儿师兰海发现小帅贪吃是因为他的安全感严重缺失。这是什么原因造成的？她带来的新方法能帮到小帅吗？

育儿小问答

什么时候可以给宝宝进行如厕训练？

A. 越早越好。

B. 当宝宝意识到自己要大小便了，并且能够憋住一会儿。

C. 顺其自然。

小帅真的有问题吗?

接到小帅爸爸妈妈的求助，超级育儿师兰海火速赶往他们在北京的家。

见到育儿师兰海，小帅妈妈非常高兴：“终于盼到你来了！”说着，她招呼儿子小帅也来跟育儿师打招呼。

这是兰海跟小帅的第一次见面。跟别的小朋友不同的是，小帅的心思完全不在这个陌生的育儿师身上。“小帅，你好。”面对兰海热情的问候，他理都不理。他好像很不高兴，皱着小眉头，哭哭咧咧的。

观察就这样开始了。

小帅吃光了所有的粥

小帅妈妈受过高等教育，曾经有过辉煌的工作经历和相当的社会地位。为了家庭，她不得不选择了做全职妈妈。在小帅的教育上，她是有很多自己的想法和安排的。只是理想和现实的差距太大，小帅出现的问题，完全不在小帅妈妈的设想之内。

这一次请超级育儿师来帮忙，是因为对小帅的问题，小帅妈妈实在没什么办法了。她很焦虑。育儿师兰海的到来一方面让她感到了希望，一方面她也有点小小的担忧："这个超级育儿师看起来好年轻，她到底够不够专业，能不能帮助到我呢？"

育儿师兰海来到小帅家的时间很合适，正好赶上小帅刚起床准备吃早饭，她可以好好观察一下小帅是怎么能吃的。

戴好小围嘴，小帅乖乖地坐进专门为他准备的儿童座椅里吃早餐。小帅今天的早餐是阿姨专门为他做的稠稠的菜米粥，里面还有碎鸡蛋，营养很丰富。一小锅菜米粥都是小帅的，妈妈和阿姨有其他的早饭。小锅就放在妈妈吃饭的桌上，小帅看得见，但够不着。

为了怕小帅控制不好，妈妈每次只给小帅的碗里盛小半碗粥。小帅吃完了碗里的，妈妈再从锅里给他盛。

小帅吃饭很专心。他拿着一个小铁勺，一口一口吃得很快。没一会儿，小帅就吃完了一小碗，他把自己掉在桌上和围嘴上的饭粒也仔细吃掉，然后举着碗让妈妈添饭。妈妈动作慢了一点，小帅急得直叫："快一点，快一点！"

又一小碗粥放在小帅面前了，小帅抓着小铁勺，接着吃，一边吃还一边往妈妈的方向看。"小帅的，小帅的。"

妈妈给兰海解释："小帅的意思是，这一锅粥是小帅的，我们不许吃。"育儿师兰海若有所思地点点头。她注意到，从小帅的视角出发，他是看不见小锅里还剩多少饭的。小帅吃饭吃得很快，因为他不知道自己还有多少饭可以吃。在吃饭问题上，小帅的这种不安全表现引起兰海的关注。

吃完一顿饭，小帅只用了十分钟。而且，整个吃饭的过程中，小帅一直紧皱着眉头。兰海从来没有看到过这么爱皱眉头的孩子。他喜欢吃饭，可吃饭并没有带给他任何快乐的感受，而是陷入总怕饭没有了的焦躁中。

小帅妈妈在整个吃饭过程中，对小帅的关注点也不对。作为一个不到两岁的孩子，自己能独立吃饭，而且吃得干干净净，是应该受到妈妈的大力赞扬的。但小帅妈妈把所有的注意力都放在了小帅吃得快、吃得多上，完全忽略了小帅也有很多做得好的地方。她只是反复地提醒小帅，要慢慢吃；在小帅用小手捡起饭粒时，告诉他要用勺子吃。从头到尾，对小帅没有一句表扬。

 吃的东西都被藏进了厨房

吃过早饭，妈妈给小帅刷牙。阿姨忙着收拾，她把所有吃剩下的东西都放进了厨房。育儿师兰海这才注意到，小帅家的客厅里没有任何吃的东西。水果、饼干、小零食，什么都没有。

阿姨告诉兰海，她们把所有食物都放进了厨房。这样做的目的是怕小帅看见。小帅要是看见，就一定会哭闹着要吃。即便这样，也一定要看紧小帅。否则小帅会自己走进厨房找吃的。水池、操作台、冰箱，都是小帅经常搜寻的地方。大人如果想吃零食，就要躲进厨房偷偷地吃。

育儿师兰海觉得妈妈和阿姨的这种做法太不尊重小帅了。这不仅让小帅失去了学会控制自己的机会，也让小帅因为没有安全感而想要得到更多。

一切收拾妥当，妈妈要带小帅和阿姨去早市买菜，她想让兰海看看小帅对吃的欲望。要出门了，妈妈给小帅拿裤子。从早上到现在，小帅一直光着小屁股呢。

厨房里还有一点剩的柚子，阿姨有点口渴，她背对着厨房门口吃柚子。阿姨的动静不大，可还是被小帅听到了，小帅跑了过来，拽着阿姨的腿哭闹不止："来一点！来一点！"

没有办法，阿姨只好掰了一小块塞进小帅的嘴里。小帅这才心满意足地让妈妈给穿上了裤子。特别说一下，一岁九个月的小帅出门穿的可是死裆裤哦。妈妈再给他戴上一顶小帽，斜挎上一个小水壶，小帅神气地出门了。

小帅对菜市场里的一切都充满了兴趣：茄子、西红柿、辣椒、土豆，每一样

蔬菜小帅都要用手摸一摸。妈妈怕他往嘴里塞，紧跟在他身边，不断嘱咐："小帅，不许吃。"

阿姨在这边买茄子，小帅等不及，已经跑到了旁边水果摊上，抓起一个香蕉。妈妈追过来："不许捏，捏坏了。"小帅不理睬妈妈的话，又跑到了黄瓜摊前。"扎手！"妈妈警告小帅，可是小帅已经伸手抓住了黄瓜。有点疼，不过小帅还是很开心。

这一切，育儿师兰海都看在眼里。这就是小帅妈妈认为的小帅对吃的欲望吗？**对于小帅这个年龄的孩子，触摸东西是他们跟这个世界打交道的方式。**他们通过触摸来认识世界，实现他们的成长。遗憾的是，小帅妈妈并不知道这一点。

 小帅没有控制大小便的能力

沙发旁边有一个绿色的沙滩桶，那是妈妈为小帅准备的小马桶。刚看到这个小桶，育儿师兰海很吃惊。她不明白小帅妈妈为什么不给小帅准备一个幼儿专用的小马桶，而用了这么一个"工具"。

小帅妈妈告诉兰海，小帅基本上每次尿尿之前都会告诉自己，自己就会提醒小帅尿到沙发旁的小绿桶里。早早对小帅进行如厕训练，这个想法是好的，但是小帅的履行情况如何？

吃过饭，妈妈给小帅洗手。正洗着手，小帅说："尿——"

妈妈反应过来小帅是想尿尿，马上提醒："等——"可是此刻小帅已经哗啦哗啦站着尿完了。裤子、袜子都尿湿了。

一天的观察，育儿师兰海发现，小帅会在家里的任何一个地方大小便。妈妈给小帅准备了小桶，可是小桶形同虚设。不仅如此，在公共场合，小帅也是可以随心所欲地"方便"的。

育儿师兰海实在有些搞不懂小帅妈妈。一方面，她对小帅拔高要求，早早

对小帅进行如厕训练。但是现在的小帅根本没有控制大小便的意识，对他进行这种训练太早了。另一方面，她又由着小帅，如厕失败后，想在哪儿方便都可以。

兰海很想问问小帅妈妈，她是怎么理解“隐私”“公共场合”这些概念的。

晚上，爸爸打来电话问候：“小帅，今天阿姨给你做什么好吃的了？”这一家人，一方面担心小帅只关注吃，一方面谈话都离不开吃。妈妈今天辛不辛苦，妈妈有哪些感受，爸爸都没有关心。

◆小帅所有的“问题”都没有问题，而是妈妈的问题。

◆全职妈妈的不安全感让她走入误区，需要通过孩子行为的“好”和比别的孩子会得“早”来体现自己的价值。

◆每个行为背后都有强大的心理推动力，成年人往往认为孩子还小而漠视孩子的内心需求和心理活动。这是对个体成长缺乏科学认知，是父母必须学习的一课。

◆首先做一个丰富和勇敢的你自己，才有可能成为好太太和好妈妈！

孩子的成长不是父母证明自己价值的工具

观察日结束了。

超级育儿师兰海发现了许多必须要解决的问题。

她需要跟小帅妈妈进行一次非常正式的谈话。

残酷的家庭会议

“你能告诉我，你觉得小帅吃饭的最大的问题是什么吗？”育儿师兰海非常严肃地问小帅妈妈。

兰海的严肃让小帅妈妈有些紧张，她有些迟疑：“我觉得主要还是小帅控制不了自己对于食物的欲望吧。”说实话，小帅妈妈从来不觉得自己是个不懂教育的妈妈。她努力地对小帅进行自己能想到的各方面的早期教育。但是今天从育儿师兰海的表情中，她觉得自己可能犯有很严重的错误。她不希望是这样。

兰海继续追问：“那你能告诉我，一个不到两岁的孩子，他需要靠什么来控制？”

“就是因为我觉得他可能没办法自己控制，所以我只能通过家里的大人来人为地帮他控制。”小帅妈妈对自己的回答也有些心虚。

兰海直视小帅妈妈的眼睛：“那我可以明确地告诉你，当我昨天发现你们把东西藏起来不让小帅吃的时候，我觉得你们把小帅当成一个外人。”

把小帅当成外人？育儿师兰海的说法让小帅妈妈有些无法接受。在无意之中，自己真的是这样对待儿子的吗？虽然出发点肯定不是，但是自己的行为好像是造成了这样的后果……

育儿师兰海并没有给小帅妈妈喘息的时间，接着发问：“下面我要说另外一个让我很吃惊的问题——如厕训练。你告诉我，你认为什么是如厕训练？”

小帅妈妈是个聪明的女人，她从兰海的发问中已经隐隐感到，小帅问题背后的真正原因可能就是自己。她不愿意接受这一点。

小帅妈妈想给自己找借口：“从我个人来说，我比较推崇现在国外的一种做法，随着孩子顺其自然地成长，他慢慢会有一定的意识去控制。但是，另一方面，周围的人总是在说，你为什么还给他穿纸尿裤？”

“不要盲目地听信周围的人告诉你的经验。”育儿师兰海发现小帅妈妈在逃避，她及时制止了小帅妈妈，“小帅这个年龄段进行如厕训练太早了。可是你已经做了，现在断下来，对小帅更不好。坦白地说，他是我见过的最不爱笑的孩子。**你为什么会用这么高的标准来要求小帅呢？**你今天必须要面对这个问题。”

育儿师兰海的话一句比一句更锐利地刺中小帅妈妈的心。她为什么要用这么高的要求去要求小帅？这是她自己一直不愿意面对的一个问题。但是兰海敏锐地发现了，并且毫不客气地指了出来。

小帅妈妈的心理防线被兰海击破了，她的眼泪不住地流下来，怎么擦也擦不净，“其实在有小帅之前，我可以说算是一个事业型的女性。我很热爱我的工作，但是为了家庭，我必须放弃……”

小帅妈妈开始剖析自己，这是超级育儿师兰海最希望看到的。小帅妈妈必须要勇敢地面对真实的自己。只有这样，她才有可能改变，而只有她改变了，小帅的问题才有解决的可能性。

其实小帅妈妈的问题，是中国当前很多全职妈妈的普遍问题。初为人母的紧张和兴奋过去后，小帅妈妈每天面对的是千篇一律的育儿生活。而养育孩子没有想象中那么容易，辛苦维系和操持一个家也很少能得到丈夫的理解和支持。自己生活圈子小了，跟丈夫的沟通也少了。前后生活的巨大落差让小帅妈妈开始怀疑自己的价值，不知不觉中，她把全部的希望寄托在了小帅身上。**潜意识里，她希望通过小帅的成长来证明自己的价值，而她忘记了自己也有价值。**

同为女人，听着小帅妈妈含泪的表白，兰海很心疼。她希望自己能帮到小帅妈妈："其实我们每个人都有存在的价值。我希望你思考一个问题，作为一个全职妈妈，你今天的价值是什么？同时，我也希望你恢复平常心来对待小帅。不要给自己找任何的借口。如果你能做到，我们的辅导就开始。"

擦干眼泪，小帅妈妈很坚定地说："好，我愿意。"

全家人的日程表

充满希望的辅导开始啦。

为了提升小帅的安全感，超级育儿师兰海为这个家庭精心设计了一天的日程表。日程表的安排有两个目的：**建立小帅的零食时间，同时给妈妈留出自由时间。**小帅需要知道自己拥有了独立的零食时间，对恢复安全感有帮助。而合理安排的时间，让妈妈也同样拥有自由，并在属于自己的时间中能找到已经丢失的自己。

为了满足小帅对吃的欲望，兰海把上午十点和下午四点定为全家人一起吃零食的时间。在小帅的年龄，一天里有三个正餐和两个加餐是正常的。为了让小帅能看懂日程表，每一项日程下面，育儿师兰海都配上了精美的图片。在讲解时，兰海不断大声地告诉小帅："小帅，我们有零食吃了！"然后用力地点击日程表

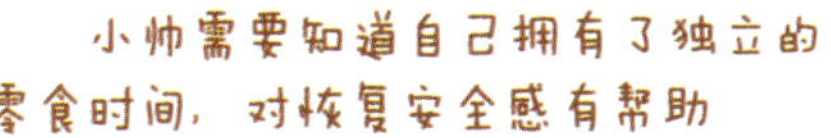

上相应的食物图片。小帅摸着这些图片，开心得直笑。

育儿师兰海还给小帅妈妈安排了属于自己的时间。下午一到四点是小帅的午休时间。这段时间，也是小帅妈妈做自己事情的时间。育儿师兰海希望小帅妈妈能够重新找回自己，希望小帅妈妈有属于自己的空间，不要在养育小帅长大的过程中，完全忽略了自己。

日程表的设计非常科学，起床时间、游戏时间、加餐时间、户外运动时间、睡觉时间，完全是根据小帅这个年龄阶段儿童的身心发展规律来制定的。这让小帅妈妈很感慨，在养育孩子的问题上，自己曾经自以为是，现在才发现需要向育儿师兰海学习的东西太多了。

育儿师兰海和小帅妈妈一起把日程表贴在墙上醒目的位置。也许小帅还不能明白这个日程表对他的真正意义，但是小帅妈妈知道，她的改变必须从这个日程表开始。

 “安全门帘”

小帅吃饭的问题是这个家里最关注的，要彻底解决这个问题，必须一步一步来。

育儿师兰海先为这个家添了一个新装置：一个挂在厨房门上的帘子，兰海管它叫“安全门帘”。“安全门帘”的设计很特别，帘子下部跟小帅等高的地方有一个鲜艳的“拒绝手势”的标志，帘子略小于门框。

小帅妈妈和阿姨担心小帅进厨房找吃的，而超级育儿师兰海担心的却是小帅

安全门帘挂好了。小帅妈妈有些怀疑兰海的设计，仅凭一个画着“拒绝手势”图案的帘子，就能够拦住往厨房里闯的小帅？

进厨房会很危险。这个帘子就起到了阻挡小帅的作用。而同时，小帅可以通过帘子边上的缝隙看到厨房里的一切，满足小帅确认妈妈和阿姨没有在厨房里偷吃东西的心理需要。

安全门帘挂好了。育儿师兰海告诉小帅妈妈和阿姨，如果小帅穿过这个帘子进了厨房，就一定要把他抱出来。小帅妈妈有些怀疑兰海的设计，仅凭一个画着“拒绝手势”图案的帘子，就能够拦住往厨房里闯的小帅？这不大可能吧？

小帅午睡起床了。按照以往的习惯，他起床后的第一件事就是拉着妈妈往厨房走。今天也不例外。母子俩走到厨房门口，小帅看到了新挂上的安全门帘。这时，妈妈按育儿师兰海的要求拉住了小帅：“小帅，厨房太危险，咱们不进去。”

为什么不能进厨房找东西吃，小帅很不高兴。他开始哼哼唧唧地哭闹：“妈妈，走，走。”他推开帘子，使劲拉着妈妈想进厨房。

小帅的哭声让妈妈很心疼，但她必须坚持住。

她抱住小帅，反复跟小帅解释：“小帅，妈妈跟你说啊，以后不进厨房。厨房里面有火。厨房里面很危险。妈妈相信你能做到。”

“我给你说啊，以后你就看这只手，看到手就不能进了。”

“小帅，妈妈给你吃东西。你就坐在那边等着，妈妈给你拿。”

费了半天劲，小帅也没有被劝住。小帅妈妈没办法，只好强行把小帅抱回客厅，在桌前坐好。

对此，超级育儿师兰海一直很淡定，一副胸有成竹的样子。

兰海解读

◆小帅进厨房的原因是窥探食物，是好奇，是担心妈妈躲在里面吃东西。安全门帘挡不住厨房全部视线，在要求小帅不进厨房的同时可以满足小帅的好奇心。

◆帘子上的手势代表“禁止”，根据小帅的身高放在他眼睛能够直视的位置。

◆孩子行为的改变需要帮助，不仅仅是内心得到满足，更重要的是工具的提供能否降低他们达到要求的难度。

家里有了零食筐

小帅妈妈抱来育儿师兰海提前准备好的一个大筐和三个小筐。大筐里满满的都是好吃的，有苹果、梨、香蕉、酸奶、饼干等。零食筐的使用是为了更好地利用零食时间帮助小帅恢复安全感。首先，需要全家人同时进行，改变原来藏零食的习惯，让小帅逐渐消除对大人们的怀疑。其次，通过选择满足小帅自我意识的需求。最后，通过“轮流”的选择帮助小帅建立秩序感，体会公平的概念，而不是全家人都让着他。

超级育儿师兰海宣布规则：“三个小筐，小帅、妈妈、阿姨一人一个，用来装自己今天要吃的零食。每个人可以从大筐里选最想吃的东西放进自己的小筐里。每天只能选四个。小帅，你先来选。”

小帅兴奋地抓抓这个，又摸摸那个，他每个都喜欢吃呢，可是只能选四个。在阿姨的帮助下，小帅选了香蕉、酸奶、桃干和猕猴桃，放进自己的小筐。妈妈和阿姨也依次选好自己爱吃的东西放进小筐。

“小帅，我先跟你说啊，这四样吃的是你一天可以吃的零食，分两次，上午吃一次，下午吃一次，好吗？”妈妈说。

有这么多吃的呢，没问题，小帅痛快地答应了。他上午吃香蕉和猕猴桃，下午吃桃干，喝酸奶。

“我现在把零食筐放回去，你慢慢吃香蕉和猕猴桃。”妈妈把大小四个筐都摆好了，放在客厅的柜子上，一边放，一边喊小帅，“小帅看着妈妈放回去了！”

这个细节是育儿师兰海提醒她必须做到的。知道自己的零食在哪儿，又能看得见，小帅会很放心，他也就不会再去厨房翻找吃的。

小帅美滋滋地吃着香蕉。妈妈故意张大嘴巴："能给妈妈吃一口吗？"

小帅干脆地说："小帅的。"他还把身子背了过去。

小帅妈妈不泄气，她追着小帅要："给妈妈吃一口吧。就吃一小口，妈妈尝尝好吃不好吃。"小帅两只手紧紧抱住了香蕉，为了怕妈妈抢了去，他开始大口大口地往嘴里塞香蕉。

育儿师兰海告诉小帅妈妈，**这种强迫孩子分享的行为是非常错误的。**分享当然是一个非常重要的概念，但对于安全感在物权上不充分的小帅来说，让小帅"分享"反而是对小帅的伤害。**只有安全感充分的孩子才有可能从内心接受分享，主动分享，乐于分享。**

知错就改，小帅妈妈赶紧说："小帅，慢一点儿，妈妈不吃你的。都是你的。等妈妈吃的时候，妈妈给你吃，我跟你分享。"

听到这话，兰海笑了。她表扬小帅妈妈做得不错。妈妈不再追着自己要，小帅放心了，这才放慢吃香蕉的速度。

香蕉吃完了，猕猴桃也吃完了。小帅指着柜子上的大筐："还要，还要。"可是妈妈不给，小帅又着急地哭起来，还没吃够呢。

按育儿师兰海说的，妈妈抱住小帅，反复地强调两点：一会儿就该吃晚饭了，现在可以玩玩具。可是，小帅听不进妈妈的话，他一直哭闹个不停。小帅妈妈，心里又难受了。她觉得育儿师兰海的方法很好，但是训练的过程太艰难了，她不知道要多久才可以见到真正的效果。

在执行过程中，妈妈会忽略一些环节，比如说依次选择零食。因为小帅主动表达的内容没有被妈妈接收，而妈妈看到小帅的行为已经有所改善，就忽视了这一点。父母需要知道，每一个步骤都是有具体意义和价值的，**准确地执行能够帮助孩子把偶然行为变成习惯。**

兰海支招

“零食筐”技巧

◆准备健康丰富的零食。

◆依次选择自己的零食。

◆语气舒缓。

◆不强求分享。

◆及时表扬。

◆剩余零食归位。

◆约定下次零食时间。

小帅学会了慢慢吃饭

在观察日兰海发现，小帅的饭是放在一个锅里的，但是以小帅儿童座椅的高度完全看不到锅里还有多少饭菜，这会影响他的安全感，在他不知道自己还有多少饭菜可以吃的时候，小帅就会用最快的速度吃饭。所以，物理环境的改变也能帮助个体完成心理建设。

选择适合小帅的盘子，要让他能够清晰地看到自己有多少饭菜可以吃，让他安心。而妈妈给小帅准备的饭勺过大，这会让小帅每一口吃到的饭菜都是多的，所以兰海要给小帅更换餐具。她希望可以通过工具帮助小帅把吃饭的速度放慢。

新餐具有三样：一个小碗、一个大点的盘子和一个小勺。兰海嘱咐小帅妈妈，要把小帅每顿能吃的饭，估算好一个量盛在盘子里，这样小帅可以清楚地看到他能吃多少，还有多少没吃。

小勺是育儿师兰海特地选的硅胶小勺，质地柔软，不会伤到小帅的牙齿。对此，小帅妈妈不以为然。以前她给小帅买过好几个硅胶的小勺，都被小帅咬坏了。兰海好像很有信心，她坚持让小帅妈妈试一下。

一样的方法，不同的人来操作，会有不同的结果吗？

小帅要用育儿师兰海送给他的新餐具吃饭了。妈妈给小帅盛饭。育儿师兰海让她把每一步都要讲给小帅听。

第一步，妈妈把小帅的饭从锅里都盛在了盘子里，“**这些都是小帅的。别人不吃。**”第二步，妈妈从盘子里盛了一小碗端给小帅，“**慢慢吃，吃完了再给小帅盛。**”

接下来，就是整个吃饭环节中最关键的部分了。尽管这次用的是小勺子，小帅仍然吃得很快。育儿师兰海立刻大声地提醒小帅：“小帅，慢一点。先把嘴里的饭吃完。”同时，她让小帅妈妈给小帅做慢慢嚼东西的示范。妈妈奇怪的样子吸引了小帅，他不由自主放慢了吃饭速度。

“**小帅，你跟妈妈一起嚼——**”妈妈看着小帅，做出更大幅度嚼的动作。

“小帅，我们三个人一块嚼——”兰海也加入了示范的队伍，并且做出很享受的夸张表情。

模仿着两个大人，小帅也开始做慢慢嚼的动作。这是多么温馨俏皮的一幕。**通过声音传达节奏非常有效，**这让孩子可以更好地理解要求。我们通常用成年人的语言、理解和孩子沟通，这是我们经常犯的错误。

不知不觉中，小帅紧皱的小眉头舒展开了，在节奏的带领下，小勺子舀饭的速度慢了下来。更让小帅妈妈开心的是，小帅竟然一直没有咬勺子。

这一顿饭，小帅用了半个小时。小帅妈妈简直不敢相信，这是从来没有过的。育儿师兰海又教会了小帅妈妈一个秘诀：**对于不到两岁的小帅，具体的示范远比抽象的语言有效。**

更可喜的事情还在后面。小帅午睡醒了，他从卧室里走出来，右胳膊上挎着一个小包。

小帅妈妈和育儿师兰海正坐在客厅里，看见小帅出来，小帅妈妈问小帅：“小帅，你拿着什么好东西呢？”小帅没有接妈妈的话，冲着厨房的方向指

不知不觉中，小帅紧皱的小眉头舒展开了，在节奏的带领下，小勺子舀饭的速度慢了下来

了指。

又想去厨房？小帅妈妈和兰海都没有说话，她们要看看接下来小帅会怎么办。

厨房门上挂着安全门帘。小帅看了看门帘上的大手图案，几乎没有迟疑，就改变了行进方向。他拎着包径直走到了妈妈跟前，把包递给妈妈。“玩。”

小帅妈妈接过包一看，里面装了一辆玩具小汽车。她开心地抱住了小帅，“小帅想玩小汽车啊。小帅今天表现真好。睡醒了自己起床，自己玩！”

小帅妈妈实在太惊讶了，安全门帘真的让小帅记住了不再进厨房。兰海的这一系列方法真是太有效，太不可思议了！

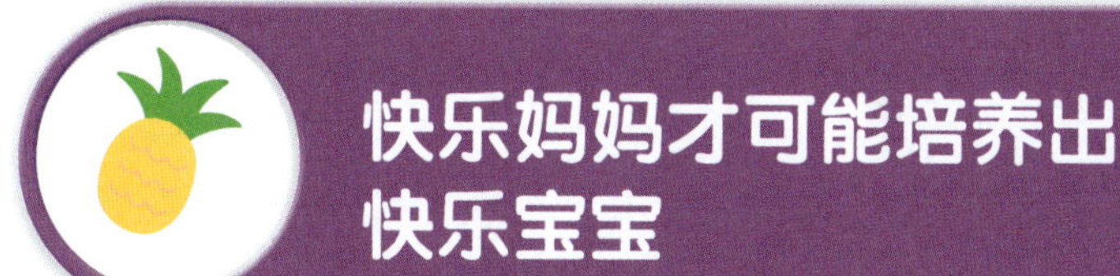

快乐妈妈才可能培养出快乐宝宝

辅导进行得很顺利，已经初见成效。小帅妈妈的自信心也在一点点恢复。

小帅洗过手，妈妈给小帅抹上了香喷喷的擦手油。

为了发展小帅的嗅觉，育儿师兰海及时启发小帅："能给我闻一下吗？"小帅调皮地转过身去，背对着兰海，他把鼻子紧紧地贴在两只小手里，使劲地吸。他要自己先闻一闻。

小帅的动作让妈妈和兰海都笑了。家里充满了快乐的气氛。**一个快乐的妈妈才有可能培养出一个快乐的孩子。**

为了彻底改变这个家庭，超级育儿师兰海还有许多辅导要进行。

小帅的如厕训练

小帅妈妈过早地让小帅进行如厕训练，结果自然是很不成功。所以，小帅在家里随地大便，而妈妈没有给小帅建立起最基本的如厕意识。**首先，如厕需**

要在隐私环境中进行。其次，保护孩子的隐私，尊重孩子是父母给孩子非常重要的一课。

由于小帅已经提前进行了如厕训练，虽然结果不好，但目前最好的选择就是帮助小帅完成独立的如厕，这是最好的补救方法。为此，超级育儿师兰海给小帅准备了两个专门用具：一个是小男孩专用的小尿盆，一个是小朋友专用的可以坐的小马桶。

育儿师兰海把小尿盆按小帅身体的高度粘在了洗衣机正面。小马桶则放在了大人马桶的旁边。兰海告诉小帅妈妈，现在对小帅的要求是要让他知道大小便要在厕所里进行，让他慢慢意识到厕所是一个安全的空间。

如果小帅不能很好地使用这两个用具，也没有关系。育儿师兰海还送了小帅妈妈一本幼儿绘本读物《我要拉粑粑》。妈妈要带着小帅一起来读这本书，让小帅熟悉上厕所的正确流程。

因为小帅现在太小，兰海让小帅妈妈一定不要急，要慢慢引导小帅，给他时间一点点适应。

又到了吃零食时间。小帅妈妈把四个零食筐都抱到了桌子上。育儿师兰海让小帅喊阿姨一起来吃零食。这一步很重要，全家人一起吃零食，小帅就不会再担心妈妈和阿姨偷偷吃东西了。

每个人都选好了，大家一起吃零食。小帅今天比前一天有很大的进步，他吃完了自己选的板栗和酸奶，没有哭闹，就到客厅玩玩具了。

小帅妈妈特别表扬了小帅："小帅，今天表现得特别好，妈妈很高兴！"

小帅妈妈做得不错，她适时表扬了小帅。但是，她简单平淡的表扬并没有吸引小帅的注意力，小帅也没有因被妈妈表扬而感到高兴。

育儿师兰海认为，接下来小帅妈妈需要学习如何对小帅进行赞扬的技巧。爱的表达只有让孩子感受到才会发挥效力。吸饱爱的孩子才会更有安全感，这一点至关重要。

兰海支招

如厕训练技巧

◆告诉孩子为什么要进行这样的训练。

◆选择孩子喜欢的内裤和小便桶。

◆选择合适绘本引导。

◆刚开始时，让孩子坐在便桶椅上，想坐多久都行。

◆先学会坐，再学会站。

◆孩子独立完成后给予赞扬。

小帅妈妈起鸡皮疙瘩了

妈妈认为男孩子应该从小坚强，而坚强就是不要接受表扬。因此，小帅和妈妈之间的身体接触很少，应该获得的赞扬鼓励也非常少。所以，在观察时我们很难看到小帅的笑脸，因为自己被提那么多要求，吃饭还限制，还总是担心妈妈背着自己吃东西，并且自己的行为基本上没有获得表扬，妈妈总是不抱我，不亲我。这些原因都让不到两岁的小帅很少露出笑容。那么，如何帮助妈妈学会赞扬和鼓励呢？超级育儿师兰海把详细的步骤写在了纸板上。她要求小帅妈妈严格按照步骤做。

“第一步，鼓掌以及愉快、惊讶的表情；第二步，拥抱和亲吻；第三步，用生动的语言表扬。”这还没完，育儿师兰海还教小帅妈妈特定的语言表达格式：“小帅，你能做到，你真棒，真了不起！”

讲解完毕，为了考查小帅妈妈的学习情况，兰海给小帅妈妈出了一道题：“你和小帅一块在看绘本，你会怎么说？”

小帅妈妈回答：“小帅，你今天能坐在这里跟妈妈一起安安静静地把这本书看完了，真好。”小帅妈妈觉得自己完成得不错。

但是育儿师兰海反问她：“你的鼓掌呢？我要第一步，你的鼓掌，愉快或惊讶的表情！”

哦，小帅妈妈羞涩地笑了，她居然忘了第一步。

“如果是我，我会这样。”兰海给小帅妈妈做示范，她一脸惊喜的表情，鼓着掌，“哇，小帅，你居然能把这本书看完了！你做到了，真好！”兰海的表情夸张，声音充满激情，还有丰富的肢体动作，“来，你来一遍。”

小帅妈妈豁出去了，她模仿着兰海，把刚才的话声情并茂地又说了一遍，然后像拥抱小帅一样，拥抱了兰海。

“非常棒！我要的就是这种热情的感觉！”兰海大声地肯定小帅妈妈，“这样做费不了什么劲，但是小帅的注意力却会完全转移到你的身上来的。”

可小帅妈妈却羞红了脸：“我觉得我的鸡皮疙瘩都起来了。”她觉得这样子夸张说话，实在不是她的风格。

“你知道你为什么会起鸡皮疙瘩吗？因为你以前没有做过，你还不习惯。”育儿师兰海耐心地疏导小帅妈妈，“但是你的内心是有这种情感的。我现在要做的，就是把你内心的情感调动出来。”

小帅妈妈认真地听着，她又被兰海击中了。她强忍着不让自己的眼泪流出来。

“这种情感是你身上本来就有的，不是我给你的，只不过你以前没有找到适合小帅的表达方式。你一定要相信自己有这个能力。”

小帅妈妈含着泪用力地点头。是，她爱小帅。没有人比她更爱小帅。她愿意为小帅做出一切有利于他成长的改变。她相信她自己一定可以做到。

赞扬和鼓励技巧

◆鼓掌以及愉快、惊讶的表情。

◆拥抱和亲吻。

◆生动的语言：

“你能做到……真好！真了不起！”（赞扬）

“你可以试试……真好！”（鼓励）

爸爸也需要改变

家里的辅导紧锣密鼓地进行。当小帅和妈妈已经开始转变的时候，超级育儿师兰海一直没能见到这个家庭的男主人——小帅的爸爸。她必须找个机会跟男主人谈一谈。

小帅爸爸在外地工作，离他回来休假还有两个星期，但这难不住育儿师兰海。她选择了跟小帅爸爸视频交流。

育儿师兰海的开场白很快抓住了小帅爸爸的心：“在辅导的过程中，我发现小帅其实是个优点特别多的孩子。可能更需要改变的是大人营造的家庭环境。小帅身上有强烈的不安全感。**宝宝没有安全感是因为妈妈没有安全感，妈妈没有安全感则完全是爸爸造成的。**小帅爸爸，您能理解一个丈夫不在身边的全职妈妈的感受吗？”

育儿师兰海的话让小帅爸爸震惊。他从来没有想过，小帅的问题会跟自己间接相关。但是他承认兰海的话非常有道理。自打有了小帅，他的确对小帅妈妈的关心和理解不够；小帅出现问题，他也埋怨小帅妈妈。加上特殊的工作状况，夫妻之间的沟通也就少而又少，而且话题好像也只有一个，那就是小帅的各种问题。

“孩子成长的过程中，最重要的一个环节就是安全感的建立。你们最开始担心的吃饭问题和如厕问题，通过这几天的辅导，已经得到一定程度的解决。未来需要继续提升小帅的安全感，但是这个工作靠小帅妈妈一个人是完成不了的，你也需要付出很大的努力。接下来，我希望你能做到两件事情。你愿意吗？”

“我愿意。”小帅爸爸回答。

“第一件事，以后每天晚上跟小帅的电话沟通换成视频沟通。你可以尝试着给他讲故事。小帅需要你，这个家也需要你。这个方法对小帅和小帅妈妈的安全感的建立都是大有好处的。第二件事，妈妈为小帅的改变付出了很大的努力，我特别希望你能够像表扬小帅一样，去表扬妈妈，她非常需要你的鼓励、肯定和理解。好吗？”

“好的！”小帅爸爸郑重地答应兰海提出的要求。

两地分居的父母如何增强与孩子沟通的质量技巧

◆给孩子讲故事。

◆共同玩游戏（搭积木、画画），最好能有规律。

◆每次离开家时给孩子画画或写信，或准备一个惊喜，在中间段拿出来表达对孩子的想念。

◆表扬孩子在家的进步表现。

全职妈妈首先要爱自己

有了小帅爸爸的支持，超级育儿师兰海相信这个家的状况会更好。接下来，她还要解决小帅妈妈的根本问题。全职妈妈首先需要爱自己，认识自己存在的价值。

“我有一个礼物要送给你。”育儿师兰海把一个精美的日记本送给小帅妈妈，“当然，它可能也是一个任务，我给你准备了八个问题，每天把答案写在送你的日记本上。”

小帅妈妈打开日记本，念扉页上兰海的寄语：“首先做一个丰富勇敢的自己，你才有可能成为一个好太太，好妈妈。兰海。”

“谢谢。”小帅妈妈哽咽了。

兰海举起第一张问题卡片，问：“第一个问题，你的爱好是什么？”

忍着即将夺眶而出的眼泪，小帅妈妈在日记本的第一页上写下“音乐和工作”几个字，“这个答案可能——很奇怪。”很久没有面对过那个曾经的自己了，那个她是那么自信、热情。

“不奇怪，很真实。”兰海看着流泪微笑的小帅妈妈，她很心疼这个迷失了自己很久的全职妈妈。

“第二个问题，你认为自己最优秀的地方是什么？”

“坚强、自信和独立。”小帅妈妈写下这几个词语，“其实之前我在小帅爸爸面前经常说我觉得怎么样，我认为你应该怎么样。但是他会觉得我把工作中的强势带到家里来了。所以有了小帅之后，我一直在努力弱化这些。”

兰海耐心地听着小帅妈妈说的每一句话，她需要鼓励这个丧失了自我的妈妈，“坚强、自信、独立并不代表强势，这个家庭需要你独立，小帅需要你的坚强，你也需要自己的自信，这样才能够让你成为你自己喜欢的那个自己。”

兰海看着小帅妈妈：“我是因为小帅来到这个家庭，但是对你的帮助，才是我最想做的。如果你不改变，那对小帅来说，他这一两个月虽然成长了、转变了，但是他未来的成长不断地需要你的配合与跟进的时候，你怎么办？”

小帅妈妈不断地点头，在心里对自己说：加油！做一个小帅喜欢的妈妈，做一个自己喜欢的自己！

找回自信的八个问题

1.你的爱好是什么?

2.你认为自己最优秀的地方是什么?

3.你认为自己做得最勇敢的事情是什么?

4.你认为小帅最希望你成为什么样的妈妈?

5.你最近一次独自参加朋友聚会是什么时候?

6.你的梦想是什么?

7.你认为丈夫最爱你什么?

8.你最喜欢什么时候的自己?

全职妈妈也有自己的价值

每位全职妈妈都应当认识到自己的价值。

作为母亲，她们选择了一份全年无休的工作，她们在为另一个生命负责，这是了不起的价值；作为妻子，她们的选择让家庭安定，让丈夫能无后顾之忧地实现事业理想，让居住的房子成为一个温暖的家。这真是了不起的价值。

超级育儿师兰海希望自己的辅导能让小帅妈妈认识到这些。同为女人，兰海理解全职妈妈的不易，更希望她们能在勇敢地做自己的前提下，做一个好妈妈，好妻子。

育儿师兰海要暂时离开几天，她希望小帅妈妈和小帅能在这几天里好好表现。

视频回放

第二次家庭会议马上要召开了。小帅妈妈有些忐忑，她不知道自己做的兰海会不会满意，她不知道会有什么样的结果等着她。

视频回放一：

这是一段快乐的回忆。妈妈在跟小帅玩游戏。吹泡泡，捉迷藏，玩玩具。

妈妈全身心地投入，她很享受陪小帅玩的过程，脸上洋溢着幸福的笑容。小帅呢，一直笑声嘎嘎，快活地从这个屋跑到那个屋。

从这段视频里，育儿师兰海很高兴看到了一个全新的小帅妈妈。小帅妈妈也很有感触。以前自己苦闷愁怨，对小帅要求过高，小帅整天紧锁眉头。现在呢，一切就这么简单，更新了观念，换了心情，一切就完全不同了。

视频回放二：

小帅拉便便成功啦，妈妈给小帅一个正式的表扬："今天小帅第一次拉屎成功！妈妈和阿姨一块儿给你鼓掌！"

育儿师兰海指出，小帅妈妈忘记了最关键的环节：拥抱小帅。拥抱可以让妈妈和小帅的身体有直接的接触。而这种接触是小帅极为需要的。小帅妈妈坦言，因为自己小时候跟家人很少有这样的身体接触，所以她心里对拥抱的动作还是有一些不适应。她说："我还需要一个慢慢适应的过程，我会努力。"

视频回放三：

爸爸通过视频给小帅讲睡前故事，"小帅，爸爸给你讲故事啦：有一天，小鸭子去河马医生那儿坐坐。河马医生给他开了一服药……"这个有图像的爸爸比只有声音的爸爸有趣多了，小帅听得很认真，好像爸爸就在身边，对着电脑屏幕，小帅不时喊一声："爸爸。"小帅妈妈心里很踏实，好像丈夫跟自己一起照顾孩子一样，这种感觉真好。

看到一家人其乐融融的场景，育儿师兰海很欣慰。

视频回放四：

又到了一家人一起吃零食的时间。小帅乖乖地坐在椅子上。小帅妈妈抱下零食筐，自己从大筐里帮小帅选了一袋小饼干和一个梨，放到小帅的小筐里，拿给了小帅。小帅吃完，妈妈把零食筐摆好，又放回到了柜子上。

在这里，超级育儿师兰海发现了一个问题：小帅是需要知道自己有选择权的，但是在小帅妈妈的操作中，大零食筐基本上成了一个摆设。妈妈替小帅做了选择，小帅失去了自由的选择权。

零食筐的使用技巧和拥抱游戏

在零食筐的使用过程中，小帅妈妈在很多细节上注意得不够。超级育儿师兰海决定再强化辅导一次。

育儿师兰海把零食筐的使用步骤写在了纸板上。为了帮助小帅妈妈理解每一个步骤背后的科学原理，兰海进行了详细的解释。

第一条，准备健康丰富的零食，这是为了让小帅知道自己的选择面有多广；第二条，一定要依次从筐内选择，这是为了帮助小帅建立轮流的概念；第三条，说话语气要舒缓……明白了每一步的重要性，小帅妈妈就能够特别注意了。

严格地按照步骤，小帅妈妈正确地使用了零食筐。拥有了选择权的小帅一天心情很舒畅。小帅妈妈很开心，自己的改变影响到小帅的改变，而小帅的开心让她更加开心。

为了帮助小帅妈妈习惯跟小帅身体的亲密接触，育儿师兰海设计了一个亲子小游戏。客厅正中立了一个和小帅差不多高的小篮球架。只要小帅成功地把小皮球扔进篮筐，他就能得到妈妈的拥抱和亲吻。安全感对于孩子来说，不仅仅是心理上的，也需要通过身体接触让孩子感受到爱和安全。

聪明的小帅很快掌握了游戏规则。为了获得妈妈的拥抱，他乐此不疲地捡球扔球，再捡球再扔，直到把球扔进篮筐。小帅妈妈不断地把他紧紧抱在怀里，亲吻他，夸赞他。被妈妈拥抱和亲吻的小帅咯咯地笑个不停。家里充满了欢乐的气氛。

带小帅去触摸

超级育儿师兰海的强化辅导快要接近尾声了。她还有最后一件事情要做。对于小帅来说，除了改变他的行为，还需要帮助他去获得他所需要的感受。

小帅是一个对外部世界充满好奇的孩子。在菜场里，他去触摸所有见到的新鲜的东西。小帅妈妈现在明白了，小帅正处于用自己的各种感官去探索世界的关键阶段。他的这种表现不是贪吃，而是在感知这个世界。

为了丰富小帅的感受，满足小帅触摸事物的需要，育儿师兰海带小帅和小帅妈妈来到一个奇特的地方——“婴幼儿多元智能训练中心”。

兰海带母子俩来到一个特殊的房间，一面墙被分割成了很多方格，每个方格中都贴满了各种不同材质、形状、颜色的东西。有木头，很硬，敲上去咚咚作响；有海绵，软软的，按上去无声无息；有围棋，一个一个小小的圆形，摸上去很光滑；有麻布，凹凸不平的，摸上去很粗糙……小帅对每个方格里的东西都很感兴趣。他触摸每一个小方格里的东西。

“小帅现在正处于触觉发展的敏感期，他喜欢摸东西，你认为这是不好的行为，但这是非常正常的，这对他的发展大有好处。”育儿师兰海耐心地给小帅妈妈讲解。

小帅妈妈很惭愧，她越来越体会到养育孩子不是一件容易的事。她甚至想用自己的亲身体会告诉所有年轻的妈妈，必须不断学习，学习关于孩子成长的知

大大的桌子上有一个个小盆，小盆里面装着大米、小米、绿豆、黄豆、玉米，对于处于触觉发育敏感期的小帅，他需要通过触摸去感受

识，这样才不会因为不懂而抑制了孩子的成长。

兰海带小帅来到一个特殊区域。大大的桌子上有一个个小盆。小盆里面装着大米、小米、绿豆、黄豆、玉米。

“小帅，你摸一下这个。”兰海让小帅触摸黄色的小米，“小帅妈妈，用你的语言描绘出他的感受。”

“这个是不是小小的，滑滑的？这是黄色的。这是小米。小帅喝得最多的就是小米粥了！”小帅抓起一把小米，凉凉的，很细碎，小手有点痒痒哦。

“小帅，你再摸摸这个，一粒一粒好滑。这个跟小米不一样。它比小米大，它是绿豆！”小帅妈妈又带着小帅触摸另一种东西了。

兰海肯定小帅妈妈：“非常好。”

小帅今天玩儿得开心极了。他左手一把米，右手一把豆，兴奋地攥紧两个小拳头挥舞个不停。育儿师兰海和妈妈说话的工夫，调皮的小帅把一盘子花生倒在了装玉米的盘子里。哗啦，花生和玉米撒出来了好多粒，它们在桌上滚动着，小帅高兴地笑了。

又到了告别的时刻。育儿师兰海鼓励小帅妈妈：“一定要再勇敢一些，你一定做得到的！你那么优秀！”小帅妈妈对兰海很不舍，她很感激兰海对自己、对自己家庭的巨大帮助。对未来，小帅妈妈充满了信心。

最后一次紧紧拥抱了小帅妈妈和小帅，超级育儿师兰海匆匆踏上新的旅程。等待她的，又将是怎样的家庭呢？

“探索”新事物的技巧

◆准备生活中的物品。

◆让孩子触摸探索。

◆用语言描述孩子的感受。

◆询问孩子的感受。

◆鼓励孩子的探索。

兰海总结

全职妈妈，请首先爱自己

每个人行为背后都有动机，那么我们要解决的是行为本身，还是行为背后的原因呢?

小帅的“贪吃”源于他的安全感没有得到满足。他无法看到自己的权利，因为妈妈和阿姨把吃的都藏在厨房里并且背着他吃；他快速地吃饭，是因为他不知道自己还有多少食物。为什么小帅会没有安全感呢?为什么妈妈会控制他吃饭?为什么妈妈会担心他变成一个胖娃娃呢?为什么会提前让他进行如厕训练?为什么对小帅的要求会这么高呢?妈妈这些焦虑和着急的背后到底是什么原因呢?

如果要想让小帅拥有一个适合的成长环境，于我来说最重要的是找到妈妈行为背后的原因。

小帅妈妈是一个美丽的女人，她有过辉煌的工作经历和社会地位。但是在家庭和事业之间，她选择了前者。这样的选择在中国大时代背景下让小帅妈妈开始怀疑自己的价值，前后生活的巨大落差让她不得不把让自己的生活重放光彩的希望全都寄托在了小帅身上。她希望通过小帅的成长来证明自己的价值。于是，小帅妈妈开始用超高的标准来要求小帅，她忘记了自己也有价值。小帅妈妈，只是千万个全职妈妈的代表，她把自己的价值建立在孩子身上，而忽略了自己。

哈佛大学校长在接受采访时提到：“哈佛最伟大的贡献不是培养了多少科学家、政治家，而是培养了一群优秀的母亲。”这是我的一个好友，一个毕业于哈佛商学院的MBA回家做了全职妈妈的中国女孩和我聊天时特别严肃地告诉我的。

她的先生是德国人，现在他们有三个孩子，而她从哈佛商学院毕业后就一直在家不再工作。

如今，中国的全职妈妈也越来越多。有些是被全职，有些则是主动的，而由此带来的家庭关系的变化、亲子关系的变化也会促使社会的变化。全职妈妈这个新新群体的出现是中国现阶段较为显著的社会现象，需要引起关注，自然我会把关注的重点放在家庭教育上。

中国家庭中对于“全职”的认可度高吗？换句话说当女性不再承担经济责任或有经济贡献的时候，在家庭中的地位还被认可吗？在中国家庭结构中把经济价值视为家庭价值最重要的部分，甚至是唯一部分。所以挣钱的那一方是老大，掌握了绝对的权威。经常听到的语言是：“我在外面辛辛苦苦地挣钱，你连这点事都做不好。”又或者听到长辈们说：“你看她找到我儿子多享福，班都不用上，就在家里把孩子带好就行。”这些语言中既认为经济价值的绝对优势，又透露出认为“养”孩子实在是一件简单而轻松的事。所以在家庭环境中，大多数的全职妈妈没有获得尊重，不仅仅是情感上的尊重还包括价值上的尊重。观之国外，用德国举例。当女性回归家庭后她给家庭也做出了很大的经济贡献，直接贡献就是降低丈夫每月上缴的税率，收入越高获利就越大。这个政策的出台为女性提供了有效的经济支撑，也使其在家庭中挺直腰板。而现在国内请月嫂或者家政服务员的成本极高，但有意思的是当女性回归家庭后自己所创造的经济价值却很容易被忽略。当丈夫说：“你照顾家里，我出门挣钱。”然后推门而出的那一刻，他已经把家抛在身后。

家里的妈妈们状况如何呢？初为人母时的紧张兴奋以及对于新生命的不适应都让妈妈们把全部的精力和时间放在孩子身上，但是随着孩子进入幼儿园、小学之后，妈妈们空闲的时间多了起来。这个时候才有机会看看周围这个世界，这一抬头才让她们发现在她们尽心尽力抚养孩子的这几年中世界已经悄悄地发生了变化。而这种变化带给妈妈们的是另外一种紧张，一种对自己的焦虑，因为她们发现自己跟不上外面的节奏，而此时她们发现丈夫也有了悄然的变化。或不屑于太太的意见，或认为自己是家里的绝对权威，相比之下更让妈妈们难受的是男人在这几年社会生活中的进步让他们认为自己的老婆已经落伍了，没有价值了。他们已经忘了当初女人们留守于家庭的原因和做出的牺牲。而妈妈们也变得不会打发自己的时间，这是普遍的现象，因为从小的教育中没有教会我们如何保留自己的爱好，而让她们记住的只有学习考试。她们中的某些人开始通过购物来满足自己内心的需要，开始通过打牌玩游戏打发时间。当然，也有不少的全职妈妈们开始重新学习，哪怕是插花，哪怕从头开始学英语。只要有学习，只要有爱好，就会让生活回到身边，让自己成为更好的那个人。但这毕竟是少数，学习的资源有限，互相的帮助有限。

当全职妈妈的价值不再被认可，当教育人力成本一再被低估，妈妈们则把孩子的教育结果视为自己的绩效考核。而家庭其他成员的潜台词则是："你都在家不用上班了，居然连个孩子都教育不好。"当然，并不是所有的家庭都这样。但是中国的传统会让妈妈认为"我都不用上班了，居然连个孩子都教育不好"。于是，孩子成为妈妈们的分数。而孩子的好坏用什么来衡量呢？孩子又能承担多少平衡夫妻关系和夫妻价值的责任呢？

教育一定会反映社会现象，而社会现象也会影响教育的各个方面。在今后的很长一段时间里，如何做一个健康积极的全职妈妈是一个需要全社会来关注并提供支持的话题。

这个社会需要进步，思想需要进步，对价值的判断，都需要随着社会的变化而发生改变。

时间不会因为现实不够好而停下来，等待着我们变好。那么真正的勇敢是看清了世间的不公平和环境的困难之后我们还拥有前进的决心和改变的动力。

全职妈妈们首先需要爱自己，你会发现自己的美好，为人母之后的温柔和情感上的丰富，你会发现自己前所未有的学习动力，你会发现你收获了另外一种情感。请认识到自己的价值，作为母亲，你选择了一份全年无休的工作，你在为另外一个生命负责，这是了不起的价值；请认识到自己对家庭创造的价值，由于你的选择让家庭安定，让家庭成员中的爸爸能够没有顾虑地实现事业理想，你让一起居住的房子成为一个有生命价值的家。你难道不认为这是一件非常了不起的事情吗？

其次，请平等地对待自己，平等地对待家庭中的每一个成员。你是一个成年人，不管出于什么原因，你都需要对自己的选择负责。我认为全职不是一种“牺牲”，而是一个家庭的选择。作为丈夫的他，在社会上也同样履行着家庭责任，如果你有“牺牲”的感受，那么就是不平等的开始，心态上的不平等会带来情感上的巨大矛盾和缺失。你会觉得别人对你有亏欠，这种亏欠将成为你的借口，不能继续前进的理由。

更重要的是，每个人能掌握的只有自己，所以，积极地学习，让自己保持和社会的接触以及具备良好的积极心态才能成为一个更好的你。不要因为离开工作，就不和社会接触，你可以去看电影，重拾自己的爱好，锻炼身体，学习新知识，结交新朋友，你也完全可以把自己工作的能力发挥在家庭事务中。总之，学习是让自己保持青春的最佳方式。不要给自己任何借口，你的生命只由你自己掌握，别人不能阻挡你，只是会不断考验你的决心和态度。

如同我送给小帅妈妈的那句话："首先做一个丰富勇敢的自己，你才有可能成为一个好太太，好妈妈！"

每一个女人，请首先爱自己！这样，才能拥有爱别人的能力！

育儿小问答答案

B. 当宝宝意识到自己要大小便了，并且能够憋住一会儿。

兰海解析：如厕训练需要在孩子的生理和心理的状态达到一定程度的时候才能进行，父母及时地发现和适时地引导，能够帮助孩子的生活自理能力得到发展。

不快乐的“小皇帝”

家庭小档

鼎丁今年三岁，家在山西，是个超可爱的宝宝。

在爸爸的眼里，鼎丁是个完美的小伙子。他喜欢儿子的调皮，喜欢儿子的自由自在。儿子的所有问题在他眼里都不是问题。

鼎丁的漂亮妈妈跟爸爸的看法完全不同。鼎丁不喜欢上幼儿园，在家里想控制大人，外出时又不听大人的话，这一切让妈妈很无助。

为了帮儿子顺利地度过这个阶段，鼎丁妈妈向超级育儿师兰海紧急求助：快来帮助我们吧！

育儿小问答

育儿小问答： 如果孩子去商场总是大哭大闹想买东西，你会怎么办？

A. 购物前列出购物清单，在购物时让孩子来寻找需要买的东西。

B. 让孩子选择自己喜欢的商品。

C. 直接告诉孩子要听话。

不要把自己的后背留给孩子

超级育儿师兰海正赶向山西鼎丁家。

来给兰海开门的是年轻漂亮的妈妈、性情温和的爸爸。简单打过招呼，兰海介绍说：“今天是观察日，我的主要工作就是观察，你们就像平时一样，该怎么做就怎么做。”

正说着，这个家庭的“小皇帝”鼎丁吃着香蕉走了过来。“来，小朋友，我们俩认识一下好不好。我看你在吃什么？”兰海蹲下身，微笑着招呼鼎丁。

鼎丁好奇地看了兰海一眼，没有说话，一个人从这个房间走到那个房间，不知道在想什么。

一天的观察就这样开始了。

妈妈在哪里

爸爸要去上班了，兰海跟爸爸握手道别。鼎丁突然走到兰海身边，递给了她一个大鸭梨。兰海接过梨，激动地对鼎丁说："哦，谢谢你！谢谢你！"

鼎丁露出开心的表情，不过他还是没有说话。他抱着一个大鸭梨开始啃。兰海觉得这个小家伙很有个性，也非常可爱。

鼎丁家的客厅很大。客厅四周，有好几个房间。爸爸出门上班后，鼎丁也看不见妈妈的影儿了。偌大的客厅里只剩下兰海和鼎丁。

鼎丁玩了会儿玩具，觉得无聊，他把玩具扔在了地上。架子鼓、健身器，客厅里可以玩的东西鼎丁玩了个遍，妈妈还没出现。

鼎丁来到电视柜前，拉开几个抽屉，抱下一个装CD的大纸箱子，又爬上电视柜。鼎丁制造出的动静很大，可妈妈还是没有出现。鼎丁喊："妈妈，你在哪里？"妈妈没有回应。

因为还有一会儿才去幼儿园，妈妈在房间里干自己的事情。妈妈的想法很简单，作为一个全职妈妈，总不能分分秒秒陪着孩子，也得有点属于自己的时间啊。

一个人玩，太没意思了，鼎丁溜下电视柜，骑上自己的扭扭车，开到厨房去找妈妈。厨房居然让孩子任意进出！爸爸妈妈太没安全意识了。

妈妈不在厨房，鼎丁驶出了厨房，开始在客厅里横冲直撞。兰海发现，鼎丁家的所有家具上都没有防撞角。这太危险了！如果鼎丁不小心撞上，后果将不堪设想。

鼎丁又冲进厨房了。这一次，他踮着脚费力地把操作台上的一盘大枣倒进了水池，把另一盘枣端了出来，放在客厅的桌上，然后一个一个地把大枣扔了一地。

"妈妈，你在哪里？"鼎丁一边忙活，一边喊着妈妈。妈妈还是没有回应他。妈妈就在房间里，她不可能听不见孩子一声声的呼喊，为什么不回应孩子？

 鼎丁开车撞了兰海

"冲啊——借过啊——"鼎丁开着扭扭车呼啸着从一个屋子里冲出来。兰海

正站在两个沙发的交界处，鼎丁的扭扭车一下子撞到了兰海。

兰海蹲下来，严肃地对鼎丁说：“我疼，你撞着我了。你需要跟我说对不起。”

“不说。”鼎丁调转车头，一溜烟儿开着扭扭车跑了。

妈妈这才匆匆地从房间里跑了出来，看到客厅里一片狼藉，妈妈开始收拾。地上散落的都是鼎丁刚才扔的大枣，鼎丁一边骑车，一边捡起一个大枣扔给妈妈，“妈妈，接住。”妈妈轻巧地接住了鼎丁扔过来的大枣，鼎丁很高兴。母子俩把这个当成了游戏。而对于鼎丁开车撞人，妈妈居然一点态度都没有。

鼎丁又来到了两个沙发的交界处。讨厌，这个育儿师怎么还蹲在这里挡着路？鼎丁用力去推兰海，“起开！起开！”

兰海没有动。她想看一下，接下来鼎丁会怎么做，妈妈对鼎丁的行为会有怎

鼎丁开着扭扭车，用力向兰海撞去

样的反应。这是一个了解这个家庭的好机会。

兰海对鼎丁说："你要叫我的名字，请我让开。"

哼哼，鼎丁很生气，在家里从来没有人这样对他。他看着兰海，往后退了几步扭扭车，然后用力向兰海撞去。

"哎哟！"很疼，兰海没忍住喊出声来。

"鼎丁！你不可以这样子！你过来！"妈妈这才大声制止鼎丁，"你不知道这样很疼？"

"不——疼。"鼎丁从妈妈的态度中知道自己做错了，他很聪明，"妈妈，我现在不撞了。"

妈妈说："那你应该说什么？"

鼎丁说："我说，你让开。"妈妈点头。

鼎丁开着扭扭车又到了两个沙发交界处，兰海还站在那儿。鼎丁带着商量的口气跟兰海说："你让开些，我还过去呢。"兰海让开了路，鼎丁顺利骑了过去。

其实孩子什么都知道，他在观望大人的态度。如果妈妈在第一次鼎丁撞人时，就指出鼎丁的行为是错误的，那鼎丁就不会第二次撞人了。

 妈妈骗鼎丁去幼儿园

鼎丁蹲在地板上玩拼图游戏。妈妈拎着鼎丁的小书包走过来说："鼎丁，我们准备去幼儿园吧。"

鼎丁不想去幼儿园，他哼唧着要哭。妈妈马上换了说法："那我去广场，你去不去？"

鼎丁愿意去广场啊，他高兴了："小朋友去兜广场吧！"

妈妈的话把育儿师兰海弄蒙了，她问妈妈："那我们现在是——"

妈妈回答："是去幼儿园。"

“那你刚才说去广场，我们真的是去广场吗？”兰海继续问。

妈妈说：“我可以先试着把他带出去，然后再尝试可不可以去幼儿园。”

说这些话时，鼎丁就在身边。妈妈的回答一点没有避讳鼎丁。她是认为鼎丁什么都听不懂吗？而且最让兰海不能理解的是，妈妈居然用骗的方式带鼎丁去幼儿园，这是把自己的孩子当什么了？

鼎丁没穿外衣，一个人就下楼了。兰海来不及跟妈妈打招呼，就赶紧下楼去追鼎丁。“等等我，鼎丁。你一个人就敢出门吗，你就不等妈妈吗？”

三岁的孩子自己出门，这是多么危险的事情。而此时，妈妈还在自己的房间里换衣服。

 妈妈多陪我一会儿吧

妈妈开车出发了。为了保护鼎丁，超级育儿师兰海陪鼎丁坐在了后座上，并且让鼎丁拉着自己的手，避免遇到刹车等情况时，鼎丁会有危险。

“你有安全座椅吗？”兰海问鼎丁。“没有。”妈妈代替鼎丁回答，“因为鼎丁不喜欢系安全带。把他捆绑在安全座椅里，他会觉得很不舒服。”

妈妈的想法让兰海很诧异。怎么能因为孩子不喜欢，就不考虑孩子的安全呢？

鼎丁把手从兰海手中挣脱，着急地给妈妈指去公园的路：“走这边！走这边！”情急之下，鼎丁不小心打开了后车门。兰海吓了一大跳，迅速拉住车门，同时让妈妈赶紧停车，把车门锁好。

兰海很生气。这个家庭有这么好的条件，竟然没有想到给孩子准备一个安全座椅！

到公园了。一下车，鼎丁就开始跑，他怕妈妈带他去幼儿园。

“别乱跑啊，鼎丁，听妈妈跟你说。”妈妈越这么说，鼎丁跑得越起劲。妈妈穿着高跟鞋，追鼎丁有些吃力。

“每次遇到这种情况，我就很抓狂，很无助。”妈妈告诉兰海。

“鼎丁，妈妈不追你了！你停下来！”鼎丁没理妈妈，咯咯笑着继续往前跑。妈妈生气了：“你再跑，不管你了！”说完，妈妈真的不追鼎丁了。

鼎丁跟妈妈隔着一个花坛，看妈妈停下来，他也停了下来。他观望着妈妈的动向。

妈妈还是很生气：“我真的走了！再见！”说着，妈妈向相反的方向走去，把背影留给了鼎丁。鼎丁哇的一声大哭起来。

这是兰海今天第一次看到鼎丁真正哭。她看着鼎丁怕妈妈离开他的恐惧眼神，心里很难受。鼎丁拼命地跑过来追上妈妈，低着头哭着认错：“以后不会这样了。”

在开往幼儿园的路上，鼎丁很安静，看着车窗外熟悉的路，他重复了好几遍这句话：“**妈妈陪我更多一会儿吧。**”

看到幼儿园的大门，鼎丁又开始哭，“妈妈，不去幼儿园。”妈妈抱着鼎丁，安慰他：“你先平静一下，妈妈给你拿你的小被子。”尽管如此，走进大门的瞬间，鼎丁还是号啕大哭，在妈妈身上使劲挣扎：“回家。回家。”

小孩子不爱上幼儿园并不见怪，但是为什么鼎丁这么害怕上幼儿园？行为的背后一定有某种原因，兰海要找到这个原因。

妈妈对鼎丁的态度像过山车

鼎丁放学了，妈妈和兰海接他回家。

鼎丁很开心可以和妈妈一块儿玩了。可是妈妈总是忙来忙去的，不能陪鼎丁玩。鼎丁着急了，他大声喊：“妈妈陪我玩——”

妈妈不理解鼎丁焦急的心情，她好像在跟鼎丁开玩笑：“我不想陪你玩！”

妈妈的回答让鼎丁很不满意。“小皇帝”要发威了，他开着扭扭车到妈妈身边：“不跟我玩，我就撞你了啊！”说着他真的用车头一下一下地撞妈妈。

这一次妈妈屈服了，她笑着说：“好吧，我陪你玩。”只是陪孩子玩好无聊啊，才玩了一会儿，这个年轻的妈妈就在鼎丁旁边直叹气。鼎丁玩得却挺起劲，他把叉子叉在一个桂圆上，做成一个小锤子，然后敲击桌面。桂圆被甩掉了，鼎丁又把盘子里的桂圆一个一个都扔到了地上。

“鼎丁，不许乱扔东西！”妈妈制止鼎丁，可鼎丁扔得更起劲了。

妈妈突然爆发了，她愤怒地说：“我生气了！你再扔，我也把你的东西都扔到地上！”

妈妈经常这么威胁鼎丁的，鼎丁才不怕，他乐呵呵地看着妈妈：“你唬我呗。”为了挑战妈妈，他还把一盘大枣都倒在了地上。

“哎呀——”妈妈尖叫着抱住了鼎丁，可是却咯咯笑了起来，“好了，鼎丁，不闹了。”

妈妈的表现让兰海很惊诧，**妈妈对鼎丁的态度怎么像过山车？鼎丁怎么能从妈妈的态度中知道自己做得是对还是错？**

鼎丁尿裤子了

更让兰海不能忍受的事情还在后面。

和谐的状态没持续一会儿，妈妈看见鼎丁踩地板上的大枣，她又板起面孔生气了，“再踩打你屁股！”

又来吓唬我啊，鼎丁调皮地看着妈妈，继续往地上扔水果。他以为妈妈会像刚才一样抱着他笑。可是妈妈这次是真的发飙了。她拿出了她的撒手锏：“我走了！你自己玩吧！”

说着，妈妈真的背起包就往门外走。妈妈的行为让兰海非常震惊。鼎丁瞬间吓得大哭起来，跑过去拉住妈妈。

这还不够，妈妈的气没消，她把鼎丁关进一间屋子，让鼎丁自己想清楚。鼎丁不断哭着往外跑，妈妈狠狠把鼎丁扔在床上，转身就走。鼎丁又惊又怕，就在

鼎丁尿裤子是他对恐惧情境的应激反应，妈妈不停地说“我要走了”，给鼎丁造成了巨大的恐惧感，他害怕妈妈真的抛弃他

这一瞬间，他尿裤子了。

看着这一切，兰海心里非常难过。**她知道鼎丁尿裤子的真正原因，这是鼎丁对恐惧情境的应激反应，这种反应不是一个孩子能够控制的。**可妈妈不明白这一点，她还在大声训斥鼎丁为什么会尿裤子。

对于鼎丁的淘气，妈妈的方式是要么威胁、要么恐吓，而兰海最不能忍受的是，转身离开，把孩子丢下不管。短短的一天里，妈妈不停地在说“我要走了”，这给鼎丁造成了巨大的恐惧感。兰海认为，也许这就是鼎丁不愿意上幼儿园的真正原因吧。

经过一天的观察，兰海发现，鼎丁是一个生活在危险中的“小皇帝”，首先是物理环境的危险，他们家很大，但是没有安全锁，孩子可以随时进出厨房，厨房里的用品都可以让孩子任意使用。房间里大大的窗户也没有安全防护，而孩子却经常站在窗台上玩闹。车里也没有安全座椅，孩子经常坐在副驾驶位置，这都让孩子随时处于危险中。

其次是心理上的，妈妈采用大量的威胁吓唬的方式对待孩子，经常对孩子说：“我再也不理你了。”“我要走了。我不要你了。”这样的语言对于鼎丁来说是一场剥夺内心安全感的灾难，鼎丁之所以会不想去幼儿园，是因为怕妈妈不要他，不来接他。

最后，妈妈爸爸的溺爱让他在需求没有得到满足时采取攻击性行为，和别人争抢、打骂。虽然妈妈总是强调自己在拒绝孩子，但最后的结果都是在妥协，并且从未对孩子说过：“你这样是错的。”所以，鼎丁从来不认错，也不会道歉。

- 安全是家庭中最重要和最基础的内容，是父母的第一任务。
- 通过“威胁、恐吓、欺骗”的手段让孩子听话，是父母最无能的行为，也是对孩子最大的伤害。
- 作为母亲，永远不要把自己的后背留给孩子。
- 把自己放下，才能谦卑地对待另外一个生命。
- 向往自由，更需要规则。
- 己所不欲，勿施于人。
- 在各种游戏中学习，是最好的教学方式。
- 没有任何父母是完美的，但都需要学习。

妈妈的承诺

通过一天的观察，超级育儿师兰海获得了关于这个家庭的足够的信息。

妈妈心里很忐忑，观察日里自己的表现不够好，她很怕兰海会批评她，认为她是一个不称职的妈妈。

妈妈心里是有点小遗憾的。平时自己很努力地带孩子，遇事常跟鼎丁讲道理，可是观察日却没有展现出这一点。

家庭会议上，兰海会怎么评价自己呢？

妈妈认识到了自己的问题

鼎丁问题背后的原因其实在妈妈。在家庭会议上，兰海决定分三步帮妈妈认识到这一点。

第一步，先让妈妈明白，自己是鼎丁的模仿对象。

兰海首先指出，鼎丁是一个非常聪明的孩子，他喜欢笑，也很调皮。调皮是小朋友的天性，这没有问题。但是在鼎丁调皮的过程中，鼎丁总是在冲撞妈妈。

兰海引导妈妈：“妈妈对鼎丁冲撞的态度是什么？妈妈的态度是，你要再撞我，我就打你屁股了。”

妈妈不好意思地笑：“嗯，对。”

兰海继续模仿妈妈：“你要再扔，我就把你的东西全扔在地上。”

妈妈笑不出来了。兰海的表情也越来越严肃：“在鼎丁这个年龄段，他的天性是模仿周围的人。鼎丁昨天有明显的一句话，你不跟我玩我就撞你了。他跟谁学的？”

“好像是跟我哎。”意识到这一点，妈妈有些难过，“真的是我做得不够好，是我的原因影响了孩子。”

兰海说：“他在家里没有模仿对象，他在模仿你。”

妈妈哭了。因为不想让兰海看见自己哭泣的样子，妈妈遮住了脸，向兰海摆手，“等会儿，让我调整一下。”

这个年轻的妈妈太注意自己的外在形象了，这种心态必然会影响到她是否能全身心地投入辅导，而这一点对这个家庭的改变是至关重要的。

兰海严肃地看着妈妈，她必须要纠正妈妈：“你们请我来帮助你们，我是尊重你们才坦诚地告诉你们这些。如果说你的状态不好，你不愿意自己不好的一面展示出来，那么我们的辅导就不能够继续。如果我不尊重你们，我可以什么也不告诉你们，夸奖孩子就好了。但是，你觉得这样对你们的家庭有意义吗？”

妈妈抬起了头，擦了擦眼泪，认真点头：“嗯。”

第二步，兰海指出妈妈的疏忽。

“我昨天来到你们家，如果让我用一句话来形容，我觉得这个家充满着危险。鼎丁昨天自己开门就出去了。”

妈妈为自己辩解：“我觉得第一是因为他很早之前就准备好要出门，所以没有等我给他穿衣服就跑出去了。第二是因为你跟在他后面。”

兰海问：“当鼎丁出门以后，你在哪里？”

妈妈回答：“我也是认为你跟着鼎丁，所以我先去给他拿衣服。”

兰海的表情很严肃：“不要再争辩了。你不断地在给自己找一些理由，找一些借口，‘我想这样做的，不过就是一次我没这样做，你们就看见了。’对于安全的事情，一旦发生了，每一个人都追悔莫及。‘我以为’‘我平时’‘我不小心’这些词都是不能出现的。因为这是安全。”

第三步，兰海指出鼎丁不想上幼儿园的原因。

“下面我要说的，是昨天让我特别伤心的地方。**鼎丁内心的安全感遭到了破坏。**陪鼎丁玩时，你心不在焉。鼎丁犯错误不听话时，你就说，‘再这样我就不理你了。’”

妈妈脑子里迅速闪过昨天的一幕幕，鼎丁喊自己陪他玩，鼎丁被威胁后恐惧的眼神和鼎丁情急之下尿湿了裤子……

“所以你能明白鼎丁为什么不愿意上幼儿园吗，**他以为妈妈真的不来接他了。**”兰海的这句话一下子击中了妈妈，妈妈的眼泪喷涌而出，她难过地趴在桌上哭出了声。

妈妈的心情很复杂，有后悔，有委屈。兰海说的这些是她之前完全没有想到的。她恨自己没有好好对孩子。但是她为鼎丁付出这么多，没有得到兰海的一句肯定，她又有些委屈。

看着妻子痛哭，爸爸赶紧劝慰：“妈妈一个人带孩子很辛苦，我能够体会到。只不过是在家庭生活中，有些细微的事情，我们的确没有太在意。今天听您这么一讲，我们很受启发，也意识到我们的一些不当言行真的对孩子的成长有影响。”

兰海点头：“所以爸爸妈妈需要学习，这是一个机会，没有谁生来就会当父母的。我们从现在开始学。”

妈妈，你自己听到了吗

兰海带着爸爸、妈妈和鼎丁一起制定家庭规则。

兰海问鼎丁：“鼎丁，知道什么是家庭规则吗？”鼎丁眨着眼睛，想了一会儿，笑呵呵地说：“我今年三岁啦。”好可爱的鼎丁，大家都笑了。

爸爸在圆形纸板上写下第一条家庭规则：**大家需要互相尊重。**这就意味着妈妈也不能骗鼎丁哦。看着爸爸写，鼎丁给爸爸助威：“爸爸加油！”

第二条规则，**要使用礼貌用语。**妈妈和鼎丁一起把这条写在了另一张圆形纸板上。天真的鼎丁一边写，一边说：“马上要画完啦。”

第三条规则，要遵守承诺，不能伤害别人。兰海给鼎丁解释：“比如说，我开车去撞一下妈妈，这个是不行的。”鼎丁点头，他听明白了。

第四条规则，对鼎丁来说特别重要，**妈妈再也不能说“我走了”“我不理你了”这样的话。**兰海说完这条，鼎丁对着妈妈的耳朵说：“**妈妈，你自己听到了**

第四条规则，妈妈再也不能对鼎丁说“我走了”“我不理你了”这样的话。鼎丁在妈妈的耳边说：“妈妈，你自己听到了吗？”

吗？”妈妈特别意外，原来自己所做的一切，鼎丁的内心都能感受到啊。“我听到了！妈妈一定会遵守的！”妈妈马上回应了鼎丁。

规则制定完毕，兰海又送给他们一些物品。这些物品可以让这个家变得安全，有家具防撞角，有锁门窗和锁冰箱的小装置等。爸爸妈妈带着鼎丁一起安装。鼎丁把这个当成了游戏，开心地跑来跑去。

家里的安全问题解决了，外出安全也一定要注意。很多中国家庭对于儿童安全座椅的重要性认识不够，认为只要自己抱着孩子坐就没有问题，还有些父母存在侥幸心理。但事实告诉我们，儿童因为不坐安全座椅发生车祸的比例极高。欧洲一些国家对于安全座椅已经立法，而我国也在不断推广中。所以，儿童安全座椅是必须要安装的。爸爸在网上选购了适合鼎丁年龄和自己车型的安全座椅。

兰海解读

- 孩子们的感受和理解能力总是超过我们的预期。
- 在制定家庭规则的过程中我们也需要根据孩子的理解能力来选择语言。
- 有些家庭规则只能用抽象的文字表达，比如尊重、关心。但是需要用具体事例来帮助孩子理解抽象表达背后的具体含义。
- 孩子首先发展形象思维，九岁左右开始从形象思维向抽象思维的过渡。

理智面对孩子的哭闹

萱萱是鼎丁的表姐，她今年四岁。她来找鼎丁玩，两个小伙伴玩起了轨道火车。

客厅里，兰海正在给妈妈辅导如何帮助鼎丁规范自己的语言和行为。

“首先，妈妈要控制好自己的情绪，因为你是鼎丁的榜样。陪鼎丁玩时，妈妈也一定要全身心地投入。”妈妈点头。

“当鼎丁有错误的行为，妈妈要先警告他必须停止，否则就坐淘气毯。使用淘气毯最重要的是让孩子知道，你是爱他的，但他的行为是错误的。”

特别说一下，淘气毯和淘气椅的功能是一样的，年龄小一点的小朋友坐毯子会更容易。

妈妈和兰海起了冲突

角落里突然传来了萱萱的哭声，原来鼎丁为了抢萱萱手里的火车，咬了萱萱的手。

妈妈批评鼎丁："咬人是不对的！"鼎丁不服气："火车不是姐姐的，火车是我的。"他拉着妈妈的手，让妈妈跟自己一起要回来。可是萱萱不给。

鼎丁急得哭起来："这是我的火车！"他伸出小拳头打了萱萱一拳。

"打人是不对的！"妈妈一边说着，一边按兰海的辅导让鼎丁坐淘气毯。鼎丁挣扎着跑开，躺在地上哭得上气不接下气。鼎丁尖锐的哭声让妈妈很心疼，她受不了孩子这么哭。

还要不要坚持让孩子坐淘气毯，妈妈犹豫了。兰海果断地把鼎丁抱回了淘气毯，"鼎丁，妈妈肯定是爱你的，但你错了，必须要去坐淘气毯。"

鼎丁的哭声让妈妈心如刀绞，她忍不住问兰海："难道不应该先安抚一下孩子吗？"

兰海一面控制住挣扎哭闹的鼎丁，一面回答："他现在的不冷静是因为他知道他自己要受罚。"

妈妈不同意兰海的观点："我觉得他现在是害怕。"

"你觉得他害怕什么？"兰海反问妈妈。这时候鼎丁挣脱了兰海，跑进妈妈怀里。兰海让鼎丁先平静一下，可鼎丁又伸手打了兰海。

"看，他现在打我了。"兰海说。

固执的妈妈冲着兰海喊起来："那是因为他现在没有听进去打人是不对的。他现在所有的注意力都在他的火车上，他要一直看到他的火车，你明白吗？来，咱们重新拿一个火车，去跟姐姐交换。"

妈妈是在犯错误，兰海知道自己必须指出来："你做的最错的就是，再拿一个给他。"

"可以先让孩子不哭吗？"妈妈坚持自己的观点。

兰海没有退让："你认为一个孩子的哭，就代表他真的很难过很伤心吗？你难道没有觉得他是在用哭控制你的情绪吗？你告诉我，你有的时候哭是因为什么在哭？哭代表了很多种不同的情绪，你知道吗？"

妈妈不说话了，她承认兰海说得有道理。折腾了大半天，她感觉很疲惫，孩子的哭声又让她痛苦得支撑不住。她抱着鼎丁，进了另一间屋子，她想逃避。

 兰海终于劝服了妈妈

辅导好像陷入了僵局，妈妈没有控制好自己的情绪。

兰海理解妈妈的痛苦感受。妈妈说自己经常输给鼎丁，其实她是输给了自己，是她自己不能忍受孩子的哭声，她满足了自己的内心需要，而这是以牺牲鼎丁的成长为代价的。妈妈必须要迈过内心这一道坎儿。作为一个超级育儿师，兰海必须让妈妈认识到这一点。

兰海追进了屋子，耐心地劝说妈妈把鼎丁抱回淘气毯。妈妈不理解：“我为什么要让自己的孩子哭啊，我可以给他讲道理。”

兰海反问妈妈：“可是我来你家之前，你采取的都是讲道理的方式，鼎丁的行为改变了吗？”

妈妈沉默了。鼎丁还在声嘶力竭地哭。兰海说：“你什么都不要说了，你就抱着他，让他安静下来。”然后兰海走出房间，她把空间留给妈妈和鼎丁，他们都需要平静一下。

几分钟后，妈妈平静地抱着鼎丁走出了房间。

她把鼎丁放在了淘气毯上，鼎丁哭闹着想离开。这一次，妈妈没有犹豫，她一次次把鼎丁重新抱到淘气毯上。兰海一直在旁边鼓励着妈妈。

计时器响起的一刻，妈妈抱住了鼎丁。“知道妈妈刚才为什么让你坐在毯子上吗？因为你打了姐姐，你需要道歉。”

“讨厌。”鼎丁又哭了，他不想承认错误，以前妈妈没有这么要求过他。妈妈帮鼎丁擦干眼泪，“妈妈不喜欢爱哭的小孩。你错了，妈妈相信你能说出来，因为鼎丁懂得承认错误。”

看出了妈妈的坚持，鼎丁把头埋在妈妈肩头，小声地说：“我以后不打姐姐了。刚才我做错了，我以后再也不打人了。”

“妈妈真的很喜欢你！”妈妈紧紧地抱住了鼎丁，使劲地亲吻鼎丁。兰海拍拍鼎丁的小肩膀，幽默地说：“我觉得咱俩得拥抱一下。”

不用威胁和吓唬的方法，鼎丁能够承认错误，这在以前几乎是不可能的。事实又一次证明，兰海的方法是有效的。

最让妈妈高兴的是，在育儿师兰海的帮助下，她第一次战胜了自己，没有在鼎丁的哭声中败下阵来。这是多么可喜的进步，妈妈跟兰海紧紧地拥抱。

客厅的一边，鼎丁又开心地和萱萱一起玩轨道火车了。兰海和妈妈在另一边谈心。

“我觉得作为一个妈妈，很少有人可以接受孩子哭，不去哄他，还继续要求他，这样的妈妈可能会比较少。”妈妈的眼里还有泪光。

兰海也很感慨：“所以不是所有的妈妈都知道，用什么样的方法去爱孩子的。”

“我觉得我对他的爱的表达方式可能是错的，可能更惯着他，就像你说的那样。我发现他的很多行为我都制止过，但是最后都是我输了。以后不会了。”

兰海很高兴妈妈最后还是认同了自己的观点。她告诉妈妈，孩子做到的前提是家长要先做到。让孩子成长，家长必须狠得下心。

兰海解读

- 鼎丁犯错的时候，妈妈总是用威胁的方式来逼迫鼎丁改正。鼎丁又会通过哭闹撒娇等方式让妈妈妥协。
- 鼎丁从来没有真正地意识到自己的行为是错的。而妈妈也没有意识到自己的妥协。
- 在执行的过程中，鼎丁妈妈有很多的不理解，这也非常有代表性。
- 当我们面对孩子哭闹时，是要考虑自己忍受不了，考虑孩子的难过，还是要考虑孩子成长中需要面对的错误呢？

有趣的集合游戏

外出，是鼎丁的大问题。他喜欢在空旷的广场上奔跑，这当然是孩子的天性。但是他的肆无忌惮也让妈妈束手无策，经常一转眼就找不到他了。这也是一个安全隐患，为此，兰海专门设计了一个游戏：集合游戏。

首先，需要让孩子知道要求。这个要求必须是具体的。比如很多父母会说“不要跑远”，这样的要求就是无效的。因为“远”是一个抽象概念，对于只有三岁的鼎丁来说，他完全没有办法界定概念。所以，家长需要具体概念，最好用标识物这样的具体物体来和孩子达成一致。

其次，建立提醒机制。玩起来容易兴奋的孩子需要被提醒，但他并不是要成心犯错，而在公众场合，建立合适的提醒机制是非常重要的。

最后，提醒机制要尽可能好玩。游戏是孩子的天性，也是最好的学习方式。在玩中学习的效果最好。

在兰海设计了集合游戏之后，兰海先给妈妈、鼎丁和萱萱讲游戏规则：当听到有人喊“集合”这个指令时，所有人必须跑到她的身边。兰海强调，孩子们知道并不代表能做到。所以需要和孩子不断在家里练习。

先试验一下。兰海喊：“集合！”妈妈和萱萱都迅速跑到了兰海身边。鼎丁呢，他蹦来蹦去，就是不到兰海身边来。这个小家伙想干什么？

兰海不泄气，孩子的天性是喜欢玩游戏的。她接着喊：“集合！”妈妈和萱又飞快地跑到了兰海身边。兰海喊鼎丁：“鼎丁快过来！”

鼎丁说：“我要找一个跑得快的汽车！”

兰海一下明白了鼎丁的意思。集合是一个比速度的游戏，鼎丁要拿着一辆跑得快的汽车来玩这个游戏。

兰海喊：“集合！”这一次，妈妈、萱萱和拿着赛车的鼎丁都迅速跑到了兰海身边。试验成功！

鼎丁很喜欢这个游戏，他也想喊“集合”，他拉着萱萱的手，天真地问：

“姐姐，我和你一起喊行吗？”

没问题啊。鼎丁和姐姐一声“集合”，妈妈和兰海飞快地来到了他们身边，把两个小家伙抱在怀里，两个孩子开心地笑个不停。

在家里带着鼎丁和姐姐做了几次游戏，待他们掌握方法之后，就可以到户外进行实践了。

广场上，兰海让妈妈练习一下集合的技巧。妈妈让鼎丁和萱萱到附近的一个台子上玩一会儿，听到妈妈喊集合时，就要迅速地跑回来。鼎丁和萱萱被要求不能跑出那个台子，这是妈妈能看到他们的范围。

孩子们在台子上快乐地跑来跑去。兰海说：“在一个规则的范围内，孩子们享受到的是安全的自由。”妈妈很有感触：“对，我要的就是这种规则。”

兰海笑了，她适时地辅导妈妈：“你需要的是规则和方法，光靠你那种吼和嚷是没有用的。”

“对对对。”妈妈很佩服兰海，短短的几天，她跟兰海学到了很多教育孩子的好方法。

鼎丁跑出规定的范围了。妈妈赶紧喊：“集合！集合！”鼎丁和萱萱一前一后都跑了回来，冲进妈妈和兰海的怀里。

妈妈说：“我发现一个问题，鼎丁刚才出了规定的范围，这是不对的。不过妈妈喊集合的时候，鼎丁还是很乖，很快就到妈妈这里了。非常好！”

兰海冲妈妈竖起了大拇指。妈妈的批评和表扬都很到位。妈妈有了正确的态度，鼎丁就知道自己该怎么做了。

广场上响起了音乐。孩子们和着旋律，自由自在地跳起了舞，大家的心情很舒畅。

外出技巧

- ◆要求要具体。
- ◆划定活动范围。
- ◆保持孩子在自己的视线范围内。
- ◆使用“集合”口令。

带着期待上幼儿园

孩子不想去幼儿园主要原因有两个，一个是**对幼儿园没有期待**，另外一个就是**对父母的依恋**。

对鼎丁来说，他不想去幼儿园则是两个原因都有。因为妈妈经常使用“我不理你了”“我走了”等语言让鼎丁和妈妈之间的安全感被破坏，所以他担心妈妈真的不来接他。而由于去幼儿园也三天打鱼两天晒网，因此和小朋友之间没有建立起紧密的关系，老师和他之间也没有形成信任关系。所以，在妈妈不再使用威胁性语言，而鼎丁开始正确对待自己的行为之后，就是帮助鼎丁适应去幼儿园的最好时机。

如何解决鼎丁不想上幼儿园的问题呢？兰海有自己的方法，首先家长要理解孩子不想去的感受；然后，家长要努力做到让孩子带着期待去幼儿园。

妈妈的车上安上了安全椅。妈妈告诉鼎丁，这个椅子是属于鼎丁的，它会保护鼎丁。鼎丁很喜欢这个安全椅，他管安全椅叫 “宝宝椅”。他美美地坐在宝宝椅里，晃着两条小腿，开心地说：“这个椅子好舒服啊！”他的话把兰海逗得直笑。

路上，兰海给鼎丁戴上了魔法帽，并教鼎丁如何用魔法帽变魔术。鼎丁很聪明，一遍就学会了。先把一些小卡片藏进帽子，再把帽子戴在头上，口里说“变变变”，再摘下帽子，从里面掏出小卡片，魔术就算变成功啦。

下车了。兰海一直在强调：“鼎丁白天变魔术，晚上回家听故事。”兰海是在给妈妈示范，怎样帮助鼎丁建立上幼儿园的期待。

头一次，进幼儿园的大门，鼎丁没有哭闹，他很想给幼儿园的小朋友们变自己新学的魔术。进教室前，鼎丁把魔术给妈妈又变了一遍。他得到了妈妈的大力表扬，很有成就感。

妈妈必须要离开了，鼎丁有些舍不得，可是他只让妈妈抱了抱，就乖乖地进了教室。

短短的几天辅导，妈妈和鼎丁都有了很大的进步。兰海要离开几天。告别的时候，鼎丁因为不舍得兰海，他还哭鼻子了。妈妈安慰鼎丁：“过几天兰海就会回来的。”

兰海支招

上幼儿园的技巧

- 魔法帽让鼎丁有“绝招”面对不熟悉的小朋友，免去他的担心，同时也让他充满期待。
- 妈妈的承诺，以及家庭规则里提到遵守承诺，都让鼎丁增加了对妈妈的信任。
- 离开家前，妈妈和鼎丁互相提出任务，让鼎丁充满安全感。
- 送孩子到幼儿园之后要坚决离开。
- 放学后要准时接孩子 。
- 回家后母子分享任务。

培养孩子的家庭责任感

时间过得很快，这个家庭的第二次家庭会议就要召开了。

超级育儿师兰海很期待这次会议，她很想知道，她离开的这几天里，妈妈有没有使用自己教的技巧和方法，有没有再一次被鼎丁的哭闹打败。

妈妈也很期待这次家庭会议，她觉得自己这几天做得很不错，她很想得到兰海的肯定。

妈妈的进步很大

兰海带着爸爸妈妈一起看这几天的视频。

视频回放一：

鼎丁又不想去上幼儿园了。妈妈给他穿外衣，他把外衣扔到了地上，骑着扭扭车在屋子里转来转去。妈妈说：“你不走，妈妈就走了啊！”

听到这句话，鼎丁立刻说：“你答应过我不会走的。”是啊，怎么又说威胁孩子的话了，妈妈马上改正：“妈妈不会丢下你的，妈妈的意思是咱们一起走。”

妈妈给鼎丁套上外衣，鼎丁还是赖着不想走。妈妈说：“妈妈要去干妈妈的事情了。我要等到放学的时候才能回来。你必须在家待一天的时间。”

这可不行，鼎丁不能接受，他的心情更加烦躁。

“要不你给妈妈一个任务好不好？”妈妈又想出了一个好办法，“你请妈妈帮你一件什么事情，妈妈今天就去完成这件事情，好吗？”

鼎丁同意了，他想了想说：“你收我的衣服。”

妈妈说：“好的，妈妈今天会把你所有的衣服都收得整整齐齐的。”妈妈还跟鼎丁拉了钩。

鼎丁的情绪好些了，他乖乖地跟着妈妈去幼儿园。路上，妈妈还在宽慰鼎丁：“每个小孩肯定都不太想去幼儿园。但是他们一天天长大，得去幼儿园学习一些东西，是不是？”

看完这一段，兰海表扬妈妈有两点做得非常好。一是面对鼎丁的不听话，妈妈刚说出威胁孩子的话，自己立刻意识到了，然后马上改正。这是妈妈进步的一个很好的标志。二是面对鼎丁不想上幼儿园的负面情绪，妈妈做到了理解鼎丁，并积极想办法帮着鼎丁疏导，做到了耐心、温柔和智慧。

视频回放二：

下幼儿园了，妈妈带着鼎丁去大广场玩。鼎丁快活地在广场上跑来跑去，向妈妈提各种小问题：“妈妈，猪为什么不会飞啊？”“妈妈，天为什么是蓝的啊？”

妈妈的回答很聪明：“所以宝贝就需要去幼儿园学一些知识，可以问老师很多问题……”

两人来到一个水池边，妈妈拉住了鼎丁的小手：“这儿有点危险哦。妈妈不在的时候，可不能一个人来。”

“嗯。”鼎丁乖乖地点头。

鼎丁跟妈妈玩起了集合游戏。鼎丁喊“集合”，妈妈很快地跑到了鼎丁身边，鼎丁很开心。妈妈喊“集合”，鼎丁飙着海豚音向妈妈跑来。

这一幕好温馨。看着回放，兰海、爸爸、妈妈的脸上都洋溢着温暖的笑容。兰海由衷地说：“孩子的变化很大，‘小皇帝’变成了乖宝宝。但是孩子的变化是因为妈妈做到了。”得到兰海的肯定，妈妈特别开心。

视频回放三：

鼎丁又搞破坏了，他爬上了电视桌，还把家具上的安全小装置拆下来扔了一地。妈妈批评了他，他不高兴，还打了妈妈一下。

“鼎丁打妈妈？你这样做是错的。你来这边坐一会儿。”妈妈严肃地拉着鼎丁去坐淘气毯。

“我不要坐。”鼎丁躲开妈妈，要哭了。

妈妈抱起鼎丁：“来，妈妈告诉你为什么要坐。”

鼎丁把坐淘气毯当成了游戏，并没有认识到这是对他的惩罚

鼎丁是个小机灵鬼，在妈妈的怀抱里，他摸着妈妈的头发，问妈妈："你的头发怎么这么多啊？"

妈妈想笑，但强忍着没笑出来："你不要管我的头发，不许转移话题。听妈妈说——"

"妈妈，你的头发怎么这么黑啊？"鼎丁接着说。

这次妈妈没憋住，笑了。但是她仍然坚持让鼎丁坐在了淘气毯上。鼎丁坐在淘气毯上，很悠闲。妈妈假装不明白问鼎丁："你为什么坐在这里啊？"

鼎丁说："因为不听话。"

妈妈说："不听话就要坐淘气毯啊。"

……

兰海指出在这段视频中妈妈的进步，能够直接指出鼎丁的错误了。但是在淘气毯使用的过程中，鼎丁把坐淘气毯当成了游戏，他转移话题，他跟妈妈轻松的对话，说明他都没有认识到这是对他的惩罚。

兰海告诉爸爸妈妈："鼎丁其实是在测试你们，看你们是不是真的能够坚持使用规则。所以我觉得在这一点上面，爸爸和妈妈要相互支持，坚持原则，不能妥协。"

爸爸妈妈点头："对，一定要坚持原则。"

视频回放四：

萱萱和鼎丁在玩游戏。家里的各种玩具都被两个孩子翻出来了，地上、沙发上、桌子上、床上，到处都是散落的玩具。

鼎丁戴着安全帽，手举一把玩具宝剑："我是光头强！"萱萱抱着个玩具娃娃，竟然站到了柜子上。两个孩子互相指着对方，哈哈笑个不停。

妈妈被两个孩子的笑声吸引，出来一看，屋子里狼藉一片。孩子们只会玩，不会收拾，这可怎么办？妈妈很无奈。

看到这里，兰海说："小朋友有这么多的玩具，但是他们是不愿意去收拾的。爸爸妈妈别头疼，我这次回来，就帮着你们做这方面的强化辅导。"

玩游戏收拾玩具

鼎丁有很多的玩具，巨大的火车轨道，专属于自己的玩具房，但是却从来不整理玩具，每次都乱扔在地上。而对于家庭条件优越的鼎丁来说，更加**需要通过家务劳动来培养家庭责任感**。对于三岁的孩子来说，整理玩具最贴近生活，也能体现对自己和对家的责任。所以，兰海选择了“玩具整理”作为鼎丁建立责任感的第一步。

孩子喜欢做游戏，兰海辅导妈妈，可以把做家务变成一次游戏。妈妈给孩子分配游戏任务，谁做什么，该怎么做，让孩子在游戏中一点点养成做家务的习惯。

游戏开始了。对着一屋子散落的玩具，妈妈对萱萱和鼎丁说：“我们来做一个游戏好不好？”

两个孩子一听做游戏，都来劲了。

妈妈拿出两个大的整理盒说：“请你们每人选一个自己喜欢的颜色的盒子，作为你们自己的盒子好吗？”

鼎丁和萱萱都选好了自己喜欢的盒子。

妈妈：“很好。现在屋子里有很多的小玩具，都找不到它们的家。只要是你喜欢的小玩具，你就可以放进你的盒子里面。你的盒子就是小玩具的家。你俩比一比，看看谁的家里小玩具多。”

比赛开始啦！两个孩子都迅速地行动起来。

鼎丁手脚很麻利，捡起一个玩具马上扔进盒子里。萱萱也不甘示弱，她一个一个地把玩具稳稳当当放进盒子里。

兰海马上表扬：“萱萱做得很好，是轻轻地放玩具。”

鼎丁立刻就学会了，他也轻轻地把玩具放进盒子里。妈妈立刻表扬了鼎丁。

没一会儿，两个孩子就把屋子里散落各处的玩具都收拾好了。

一切就这么简单，把做家务变成游戏，孩子们积极主动地就完成了任务。这样既减轻了妈妈的负担，又培养了孩子的家庭责任感。妈妈很开心，又学到了一个好方法。

两棵礼貌树

这段时间鼎丁的进步很大，妈妈也有了很大的改变。在离开鼎丁家之前，兰海仍然会担心。因为妈妈在育儿师的影响下开始改变，但并不意味着她能坚持下来，同时，妈妈很多行为还需要改变，态度上、行为上和语言上都需要进一步提高。所以，兰海送给妈妈和鼎丁两棵礼貌树，这是两张漂亮的大树形状的塑料贴纸，一棵送给妈妈，一棵送给鼎丁。妈妈带着鼎丁一起把两棵礼貌树贴在了墙上。

兰海讲解礼貌树的使用规则："每天只要鼎丁说了一句礼貌用语，我们就在鼎丁的小树上贴上一个大苹果的贴片。刚才鼎丁说了一句'你好'，自己贴上一个吧。"

鼎丁非常喜欢这些新鲜的东西。他兴味盎然地给自己贴了一个大苹果。妈妈今天说话也很有礼貌啊，鼎丁主动给妈妈也贴上了一个大苹果。然后，他站在两棵礼貌树旁边看了半天，还不时用手摸摸礼貌树的树叶和大苹果。他太喜欢礼貌树了。

妈妈很聪明，她告诉兰海，她以后还要用同样的方式，来记录鼎丁成长道路上各方面的进步，用不同的内容来赋予它更多的意义。

世界上没有任何一对父母是完美的，但是每一对父母都需要学习。妈妈坚持在学、在用兰海教的方法。妈妈和鼎丁的礼貌树不仅让这个家庭的语言习惯开始改变，兰海也希望能够帮助妈妈记住，她是孩子的镜子。而父母的坚持是孩子改变的基础。坚持下去，这个家一定会有一个持久的变化。

兰海可以放心地离开了。爸爸妈妈和鼎丁把兰海送到门口。告别的一刻，妈妈紧紧拥抱了兰海："非常感谢兰海老师！"鼎丁使劲亲了兰海一口，在兰海出门的瞬间，还挥着小手说："兰海老师，再见。我会想你的。"兰海心里暖暖的。

四川有个家庭向兰海发出求助了。带着满满的温暖与感动，兰海又匆匆踏上了她的旅程。

兰海总结

或许，你是用“爱”的名义在伤害

这一次，现场的每个人都能感受到我的愤怒。因为有很多行为触及了我的底线，因为那关乎安全。

在山西的这段时间，我出现了最多的错愕表情，当孩子已经打开门下楼了，妈妈还在换衣服；孩子已经冲进厨房，妈妈却还把自己关在房间里玩；妈妈拿着包离开房间，孩子不知所措地在房间里哭；妈妈扭头就走，而孩子在空荡荡的广场上大声地呼喊。而我，在妈妈和孩子的中间，看着妈妈，走向孩子。

如果父母们能科学地了解孩子的大脑发展、认知能力的发育和内心感受的力量，我们就会为自己的行为追悔莫及，我们永远低估孩子的理解能力，当妈妈一直认为是孩子不懂的时候，鼎丁那一句“妈妈，你自己听到了吗?”敲打着妈妈的内心，也是这句话让妈妈终于相信了，孩子再小，也有感受，也能懂。如果说这是一种显而易见的伤害，那么，另外一种伤害则是以“爱”的名义。孩子出现的错误行为都被父母容忍或者妥协了，甚至在他们的眼中，这样的行为是可爱的，没有错误的。孩子是水，放在什么样的容器里，他们就是什么样子。

当妈妈用威胁的方式让孩子听话，那么，孩子首先获得的是权势和奴役的观念。当孩子的错误行为能够通过讨好、奉承、卖萌的方式逃脱惩罚的时候，他的收获就是规则（法律）是无效的，可以通过吹捧权威来满足自己的需要。

爱，每个人都有，但是，我们会爱孩子吗?作为父母，和孩子相处的过程中，我们满足的是什么？鼎丁打了姐姐之后，他的需要是逃脱责罚；而当他一哭一闹之后，妈妈安慰他，和我争执并抱走鼎丁，此时，满足的是妈妈内心的需要，因为她受不了自己的内心痛苦。此时，鼎丁的成长需要什么？他需要对自己的行为负责，他需要给姐姐认错。而此时，成长的需要已经被完全忽略了。而我们变得理直气壮，因为我们“爱”孩子，所以我们抚慰他，接纳他，我们用“爱”作为自己“私心”的外衣。

妈妈说，“每次我都输给他。”其实，妈妈输给的是自己。因为不能忍受看见孩子的难受，不能忍受听见孩子的哭声。孩子在出生的时候就会啼哭，他们的婴儿阶段一直伴随着哭声。那时候的哭有很多种不同意思：饿了会哭，身体不舒服会哭，害怕会哭。哭传递孩子的情绪，但是怎么面对哭，却把我们的情绪植入到孩子的幼小的心灵。逐渐长大的孩子，哭声的内容就更丰富了，激动会哭，委屈会哭，难过会哭，害怕也会哭。面对不同的哭，我们解决问题的方法自然是不一样的。

所以当有人问我，孩子哭了应该立刻抱，还是置之不理时，我无法回答，因为我需要知道哭声背后的原因。但有一点，当我们纵容了孩子第一次错误行为发生的时候，实际上就是在帮助孩子逐渐养成错误行为的习惯。这个家庭只是一个代表，一方面，我们用威胁恐吓来奴役孩子；一方面，我们把自己内心感受放在首位，溺爱孩子剥夺他们成长的机会。这种爱是狭隘的。

每次，当我的十四五岁的学生们完成艰难任务收获喜悦之时，我都会问他们此时最想说什么。而他们无一例外都在表达这样的感受：“特别感谢爸妈和老师们在我想要放弃的时候，在我乱发脾气的时候，你们的坚持。因为你们的‘狠心’才让我有今天的成功。”回想下自己的人生经历，有没有那种“如果当时爸妈能要求我改正就好了”的感受？如同家庭会议上我给鼎丁妈妈说的："如果我不尊重你们，我可以什么也不告诉你们，夸奖孩子就好了，但是，你觉得这样对你们的家庭有意义吗？"而父母对待孩子，也该如此。

育儿小问答答案

A. 购物前列出购物清单，在购物时让孩子来寻找需要买的东西。

孩子在商场大哭大闹，通常是感到无聊。带着任务去商场，首先让孩子知道购物目的，其次会让他觉得是在玩一个游戏，最后就是参与感让他们不会觉得无聊，这个方法最重要的是创造生活中的学习机会。

Chapter 6

大脾气宝宝VS强势妈妈

四川宝宝丢丢是个小机灵鬼，她今年才三岁，就有很多自己的小想法了。只是遇到不顺心的事时，因为不能控制好自己的情绪，她会哭个没完。对此，家里的大人们都束手无策。每天早晨起床时，因为睡不够，丢丢的哭闹最严重，整栋居民楼里的人都听得到。丢丢的哭喊经常让大脾气的妈妈愤怒到难以自控，除了语言威胁，妈妈甚至会动手打丢丢。

妈妈快住手，打孩子可不是个办法！超级育儿师兰海火速赶往这个家庭，她给妈妈支招来啦。

育儿小问答

怎样建立孩子的安全感?

A. 父母需要陪伴孩子。

B. 父母需要满足孩子所有的要求。

C. 父母不能欺骗和威胁孩子。

孩子是父母的一面镜子

一大早，超级育儿师兰海就赶到了丢丢的家。

“欢迎欢迎！”爸爸妈妈热情地跟兰海握手。爸爸话不多，一副踏实稳重的样子。妈妈看起来聪明能干，说话干脆利落，整个人透出一股麻利劲儿。

兰海跟着妈妈来到丢丢的卧室。丢丢怎么不见了？兰海看着床上拱起的小山峰笑了。为了逃避起床，丢丢把整个身子都缩进了被窝里。

混乱而崩溃的早晨

对于起床，很多孩子都会赖一会儿，兰海觉得这还比较正常。但是，后面的发展就完全出乎兰海的预料了。

妈妈走到床边，喊丢丢起床：“宝贝，快起床，太阳照屁股啦！”可是丢丢不想起床，她在被窝里使劲儿喊：“把灯关上！”

妈妈回答：“宝贝，把灯关了我们怎么穿衣服呢？”

“把灯关上——”被窝里的丢丢发出更大声的吼叫。

丢丢每天早晨都哭闹，嗓子经常喊得又红又肿，妈妈很心疼。为了怕丢丢再喊叫，妈妈让步了，她关了一盏灯。

可丢丢又提出新要求：“还要关两个——”这孩子怎么没完了，妈妈有些生气。她掀开了丢丢的被子。

“不要，不要起床——”瞬间，丢丢就发出了撕心裂肺的哭喊。丢丢的哭声分贝之高，让兰海都大吃一惊。

妈妈用力把丢丢从被窝里抱出来：“婆婆，快给她穿衣服。快点快点，别感冒了。”可是丢丢剧烈挣扎着，不让外婆给穿衣服。

妈妈控制不住自己的情绪了，她冲着丢丢大声喊叫：“丢丢，你说你今天到底去不去幼儿园？”

“不想去！”丢丢吼过来。

“我还不想去上班呢！”妈妈吼回去。

母女俩的对吼让兰海又大吃一惊，这个妈妈的脾气怎么也这么坏？

情况越来越糟糕了。丢丢哭得死去活来，并且不断地找出各种各样的理由，拒绝穿衣服。有一个瞬间，丢丢挣脱了妈妈和外婆，重新钻回被窝，“我要睡觉——”

一直好脾气的外婆也生气了：“时间来不及了，你再不起，婆婆就走了，不理你了！”

“婆婆不要走！妈妈走！”丢丢发出尖锐的哭喊。

“好，我走！”妈妈几次赌气走出房间，然后又几次不放心重新回来。最后，她忍无可忍了：“丢丢，你再不起，我要拿棍子了！”

什么，妈妈居然用打来威胁孩子？兰海再次大吃一惊，真是个混乱而崩溃的早晨。

如果不是亲眼所见，兰海不能想象，整整一个早晨丢丢竟然要在撕心裂肺的哭闹中度过。而这个家庭中的大人，劝哄、威胁、暴力，招数用尽，却仍不能让丢丢的情绪平复下来。

问题出在哪里？兰海认为，妈妈和外婆对一个三岁的孩子该怎么起床完全没有概念，或者说，她们实在不知道**该怎么去唤醒一个三岁的孩子**。

 丢丢被外婆的威胁吓哭了

经过复杂曲折的斗争，妈妈和外婆终于给丢丢穿好了衣服。真不容易啊，兰海都替她们长舒了一口气。简单洗漱后，外婆送丢丢去上幼儿园，爸爸妈妈赶着去上班。

下午五点，丢丢放学了，外婆接丢丢回家。路上，外婆和丢丢说好，回家后丢丢要跟外婆玩识字游戏，外婆给丢丢煮汤圆。

丢丢到家啦。她在茶几上玩起了转果盘的游戏。在果盘上放一个苹果，转动果盘，苹果也跟着转。这个游戏有点儿小难度，如果用力不均匀，果盘就会失去平衡，不能顺利地转起来。

丢丢小心地朝一个方向拨拉着果盘，果盘转起来了，一圈儿，又一圈儿，丢丢玩得挺带劲儿。可外婆觉得这个游戏很无聊，她不愿意陪丢丢玩这样的游戏。

为了不让丢丢再玩，外婆收走了果盘和苹果。丢丢哭喊着从外婆手里抢了回来，继续玩。

外婆很生气，她威胁丢丢："今天晚上婆婆不给你煮汤圆了。我要走了，我再也不回来了。"

"婆婆不要走，"丢丢拉住了外婆，"不要走嘛！"

可是外婆坚持要走，她还起身去背包。外婆要给丢丢造成一种感觉，只要丢丢再玩那个无聊的游戏，她就一定要离开丢丢。

兰海看得直摇头。外婆认为转盘子是个很无聊的行为，但是对于一个三岁的孩子来说，这个是玩。**她在玩的过程中，构建着她的世界，而成年人的介入，破坏了她的世界。**

丢丢在茶几上玩起了转果盘的游戏，可外婆觉得这个游戏很无聊

外婆背着包出来了。这下丢丢不敢再玩转果盘的游戏了，她害怕外婆真的离开她。看着外婆往门口走，她伤心地大哭，同时紧紧地抱着外婆不撒手。

妈妈来解围了："丢丢好好玩游戏，婆婆就不走。"三个人坐到茶几旁玩起了外婆准备好的识字卡片，妈妈和外婆认为这样的游戏才有价值。

屋子里恢复了平静。可是兰海的心却怎么也平静不下来。

妈妈剥夺了丢丢的自主权

丢丢的脾气平息后，妈妈决定带她下楼去玩。

"Go!Go!Go!快点!"妈妈牵着丢丢的小手走在小区的石板路上。太阳快落山了，阳光很柔和。很多小朋友都出来玩了。

为了帮丢丢养成懂礼貌的好习惯，妈妈让丢丢跟遇见的每一个人打招呼。姐姐、哥哥、妹妹、弟弟，还有婆婆、叔叔，一个都不能少，丢丢都快忙不过来了。

这还不够，妈妈有超强的管理能力，她把周围的小朋友们都组织到一起玩编花篮的游戏。她觉得这种方法可以促进丢丢社交能力的发展。

“编，编，编花篮——”小朋友们都在玩编花篮。丢丢不想玩，她一个人蹲在小朋友们组成的花篮中间，觉得很无趣。可妈妈还在张罗：“那边的弟弟，一块儿过来玩编花篮哦。”“哇，这么多人编花篮，好厉害哟！”

妈妈真是闲不住啊。对妈妈的行为，兰海有些哭笑不得。

三岁的孩子正处于主动性发展的关键期，在安全的范围内，家长应该给予他们适当的自主权。如果失去了这种自主权，丢丢未来的发展会怎样呢?

丢丢留不住爸爸

爸爸下班了。一进家门，爸爸就抱起了丢丢：“哈喽，想不想爸爸?”丢丢使劲儿地在爸爸脸上亲了好多下，作为自己的回答。

“哇！”爸爸很开心。他把丢丢高高地抛到空中，再稳稳接住。丢丢很喜欢这么玩，“哈哈，哈哈。”她开心地在爸爸怀里笑个不停。

看得出来，丢丢很享受跟爸爸在一起的时间。可是爸爸在家的时间很少，他要么上班，要么出去应酬，很少陪丢丢。

这不刚陪丢丢玩了一会儿，爸爸就说：“丢丢，爸爸要出去了。吃完了饭就回来。”

丢丢舍不得爸爸，她腻在爸爸怀里：“在家里吃，我说的。”

“不行啊，爸爸都跟别人约好了。等你长大了就明白了。”爸爸耐心地给丢丢解释。

妈妈也不想让爸爸出去，可是她不好意思直接要求爸爸。她对丢丢说：“看今天能不能挽留得住，你挽留一下吧。”

丢丢靠在爸爸腿上，就不让爸爸走。

“好了，爸爸要走了，没时间了。”爸爸坚持要走，他开始穿鞋了。丢丢一直围着爸爸转，爸爸想支开丢丢：“看一下妈妈和婆婆做好饭没有，你说‘丢丢肚子饿了’。”

丢丢的肚子是有点儿饿了，妈妈又叫她去洗手。

等丢丢洗完了手跑回来，她发现爸爸已经偷偷走了。丢丢很不高兴，她嘟囔着：“我还要跟爸爸说一个事情，可是爸爸走了。”

“又没留住爸爸啊。”妈妈也有些遗憾。爸爸每次都是一有朋友打电话，就立马出去，一周有三四个晚上都不在家吃饭。妈妈觉得爸爸不太顾家。

◆孩子没有承担父母问题的义务。

◆孩子的成长需要符合科学的成长规律。

◆孩子需要的不是目标，而是方法。父母需要教给孩子达到目标的方法，而不仅仅是要求。

◆家庭的良好沟通才能让父母在教育上达成一致，逃避问题是最坏的方法。

◆父母是孩子的第一任老师，孩子永远在模仿父母的行为。

◆认识自己，是人在一生中最重要的功课，认识自己的情绪，控制自己的情绪，也是最重要的事情。作为父母，作为一个独立的人，需要知道如何更好地让自己的情绪得到释放，而不是伤害他人。

◆孩子就是一面镜子，我们要想改变镜子里的人，首先要改变自己。

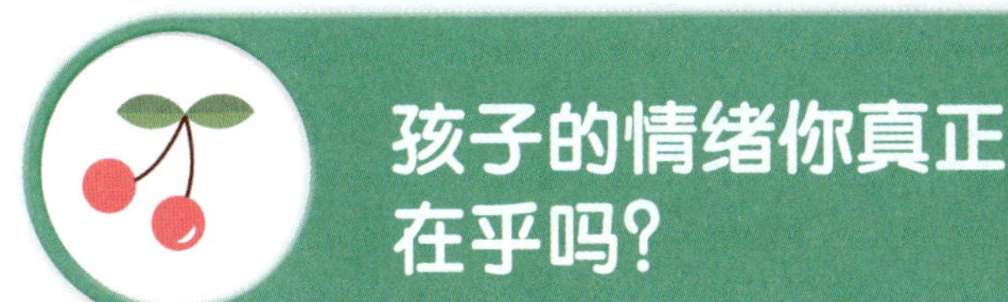

孩子的情绪你真正在乎吗?

观察日结束了。

这个家庭中的每个大人都有各自的问题。

超级育儿师兰海准备跟他们进行一次严肃的谈话。

爸爸该长大了

兰海先召开了爸爸妈妈两个人参加的家庭会议，她要分别指出爸爸妈妈存在的问题。

在丢丢的年龄段，丢丢的智力和语言表达都发展得非常好。那么，丢丢在起床时的过激表现是怎么回事?

针对这个问题，兰海对妈妈说：“丢丢不愿意起床，妈妈只是在不停地催促她。但是我没有听到你去捕捉她感受的语言。”妈妈点头。

“我们仔细想一下，家人对丢丢的陪伴好像很多。但实际上，**丢丢的内心需**

要和她情感的需要，你们都没有关注过。也就是说，你们对丢丢的陪伴，质量并不高。”

好像是这样的，妈妈以前从来没有想到这一点。

“第二个问题，”兰海还是看着妈妈，“你是一个只会给孩子提要求的人。昨天你让丢丢向每一个从她身边走过的哥哥、姐姐、弟弟、妹妹打招呼。”

妈妈笑着解释：“我觉得这是起码的礼貌。”

“对，是的，这个要求非常好。但是，你对丢丢的要求太高。你在追求完美。”兰海说得很准确，妈妈有点笑不出来了，她点头表示认可兰海的话。

“但是在这个时候我必须要说，妈妈的这种渴望完美，并没有得到爸爸的支持。”兰海自然地把谈话又转向了爸爸。兰海的话说中了妈妈的心事，妈妈禁不住眼圈红了。

兰海直视着爸爸的眼睛：“你能理解一个职业女性在家庭里面承受的压力吗？”这个问题让爸爸有些尴尬。一直以来，因为家里有外婆帮着妈妈，所以自己总是乐得清闲，很少为这个家考虑些什么。

妈妈的眼泪止不住地流出来，她不得不用手帕来擦拭。

“我不知道妈妈这个时候，有多少成分是在抱怨爸爸不太顾家？我不知道对于爸爸来说，现在还有什么比这个家庭更重要？”兰海的每一句话都敲击着爸爸的心，“真的，爸爸就不可以放弃外面的一些应酬吗？”

很多时候，孩子都渴望有更多的和爸爸相处的时间。**父亲的陪伴，对于孩子的成长是不可或缺的。**借今天这个机会，兰海必须要唤醒这个爸爸的责任感。

“爸爸你要知道，错过了孩子的这个成长阶段，再补是补不回来的。你现在需要长大了，你需要知道这个家对你的需求。你需要为丢丢做些什么，去承担起这个家庭里更重要的责任吧。”

……

最后兰海说：“我相信你们愿意为丢丢做出任何改变。如果准备好了，我们就开始！”

爸爸妈妈异口同声地回答："准备好了！"

丢丢家有了规则

每个家庭都应该有家庭规则，每个人的改变就从遵守家庭规则开始。

接下来，兰海请外婆和丢丢也参加了家庭会议，全家人一起制定家庭规则。

兰海拿出了一些图片，第一幅图上画了一颗粉红色的心，上面写着"love"。兰海问丢丢："丢丢，它是什么？"

丢丢回答："红心！"

"非常好！"兰海的表扬让丢丢很开心，她害羞地笑了，不发脾气的丢丢格外可爱哦。

这幅图提示了第一条家庭规则：**关注家人的感受。**兰海请妈妈把文字写在红心的下方。根据这条规则，妈妈和外婆以后就不能再威胁吓唬丢丢了。"你做得不好我就不理你了""你不听话我就走了"，这些话都不能说了。

外婆是一个认真而明智的老人。她认为兰海的规则非常好，她不住地点头。自己这么大岁数了，也养大了女儿，可是在照顾小孩子方面，还是很缺少方法，需要跟兰海好好学习。

第二幅图上画了三个人，两大一小。丢丢很聪明，马上指着图说出了答案："这是爸爸，这是妈妈，这是丢丢！"丢丢又说对了，妈妈给她鼓掌。

兰海解释："这幅图是希望**爸爸一定要有陪伴家人的时间，**也就是说，以后爸爸在家陪丢丢的时间会更多了。"

"真的啊？"丢丢开心地笑了，那样就太好了，"丢丢喜欢跟爸爸玩。"

第三幅图上画了两只手，一只有点大，一只有点小。丢丢说："这是爸爸的手，这是妈妈的手。"这一次，兰海和爸爸妈妈都发出了赞叹："哎呀，丢丢真是太厉害了！"

这幅图是为了提醒**爸爸妈妈之间要互相帮助**。外婆对兰海非常佩服，她心里第二幅图上画了三个人，毛毛很聪明，马上指着图说："这是爸爸，这是妈妈，这是毛毛。"

暗暗感叹，这个育儿师别看年轻，看问题真准啊，还这么有方法！

最后一幅图上画了一个打坐的女人。这个有点难哦，丢丢和妈妈都没猜出它的含义。兰海说出了答案："这是一个很安静的状态。这一条是给妈妈和丢丢的。你们两个人需要逐渐地学会**控制情绪**。"

妈妈心领神会地点头，丢丢也吐着舌头笑了。

好了，所有的家庭规则制定完毕。爸爸妈妈把规则图片都贴在了墙上。这会提醒家里的每一个人，以后都要按照规则行事。

建立家庭规则的三要素

◆建立家庭规则需要从全家人的角度考虑，而不仅仅是针对孩子。规则实际上代表了一个家庭的核心文化：我们倡导什么，我们反对什么。

◆在制定家庭规则时不能冲动，而是需要全面思考，谨慎制定。不能偶然看见一个行为，不假思索地就把它框定在家庭规则的范畴。

◆更多的激发，更少的限制。需要注意的是，限制的是孩子的行为，而不是思想。

帮助丢丢控制情绪的红白球

规则制定好了，现在，兰海需要母女两人共同去面对她们最大的问题——乱发脾气。

兰海为她们准备了两个透明的玻璃瓶。妈妈的玻璃瓶大，丢丢的玻璃瓶小。兰海又拿出了一个大罐子，里面装满了白色和红色的小塑料球。

妈妈和丢丢有的时候会发脾气，这没关系。如果能立即控制住，就可以奖励一个白球放在自己的瓶子里。如果没有控制住，就要放一个红球了。

兰海问丢丢："丢丢，你觉得是红球好呢，还是白球好呢？"

丢丢："白色的！"

"嗯，"兰海说，"红球就代表不好，因为你没有控制好自己的情绪。我们请外婆和爸爸来当裁判。"

为了帮助她们更好地使用红白球，兰海还给了妈妈一个纸板，上面写清了红白球的使用步骤。不管是红球还是白球，最终的目的都是让妈妈和丢丢去认识和控制自己的情绪，并在家人的认可和鼓励中慢慢地调整自己，以达到最终控制好自己不发脾气的目的。

爸爸觉得这个方法对丢丢可能效果不大。因为丢丢太小了，用小球控制情绪估计很难，还是得需要大人来帮着她调控。

妈妈跟爸爸看法不同，她觉得红白球对丢丢肯定有效果，小朋友们喜欢新鲜事物，丢丢的领悟能力又强。她担心的是：时间长了，丢丢的新鲜劲儿过了，红白球是不是就起不到效果了？

这也是兰海所担心的。其实兰海教给他们的每一个方法和技巧，只有长期坚持使用，才会有效果。怕的就是没做几天就放弃，这样的话，再好的方法也只是空谈。

兰海解读

◆情绪控制是每个人都要学习的内容，对于六岁以前的孩子来说，开始认知自己的情绪，并且能够有表达情绪的方法是一生的财富。

◆孩子是天生的学习者，父母则是当仁不让的老师。所以，我们必须让自己成为好榜样，而不是坏示范。

◆选择控制情绪作为辅导的第一步是为了让这个家庭的紧张气氛能够缓解，并且减少对爸爸的压力。

◆丢丢和妈妈都有情绪控制的问题，我希望能够帮助母女俩共同解决。这不仅能让丢丢有好榜样，也能从小渗透“公平”的观念。

◆首先，红白球标识清楚，孩子容易辨识。其次，提醒机制能让父母充分理解孩子的内心需要。

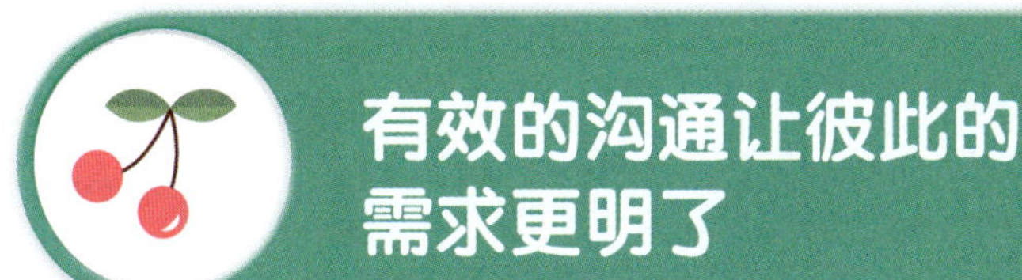

有效的沟通让彼此的需求更明了

制定各种规则，是超级育儿师兰海给丢丢全家的第一课。

按照兰海的辅导计划，她还要给这个家庭上第二课：如何增进家人之间的沟通。

观察日的时候，兰海敏锐地发现爸爸妈妈之间缺乏有效的沟通。必须增进家人之间的沟通。只有做到这一点，才能减少彼此之间试图用强势来控制对方的企图。

外婆流泪了

爸爸真的有那么多的应酬？还是由于妈妈的强势让他在潜意识里不想回家呢？

这个家庭属于后者，爸爸的内心需要同样被忽视，当然他也有做得不好的地方。当丢丢妈妈习惯主动压制的时候，丢丢爸爸并没有真实表达自己的想法，而是回避。但这样的回避只会让妈妈更加愤怒，这样的愤怒只能给爸爸更大的压力。而妈妈每次都让丢丢挽留要出去应酬的爸爸，这样的做法只会让丢丢认为爸爸是因为不喜欢自己，不想与自己在一起才外出。这样的恶性循环如果不改变，那么就算帮助丢丢克服了目前的问题也只是暂时的。

为了促进爸爸妈妈之间的交流，兰海设计了一个非常独特的“游戏”。

天气晴朗的下午，兰海带着一家人来到一个安静宽敞的地方。兰海准备了两大盒子水球。水球是用普通的气球装满了水做成的。一盒水球给妈妈，一盒水球给爸爸，两人相隔五六米面对面站好。

外婆和丢丢被安排站在一侧观看。这是要干什么，打水仗吗？丢丢很好奇。

兰海宣布：“我需要你们大声对彼此说，‘我讨厌你什么。’说完以后把球砸在中间。”爸爸妈妈明白了，兰海是用这种方式，让他们向彼此说出心中最想说的话啊。

妈妈微笑着想了想，她好像鼓起了很大的勇气，捧着水球大声地说：“我讨厌你一周五天，基本每天都不在家。”说完，她用力地把水球扔在地上，啪的一声，水球破了。看着破了的水球，妈妈感觉很放松。

妈妈起了很好的带头作用，爸爸也说出平时不好意思跟妈妈说的话：“我讨厌你经常发脾气，经常安排别人做这做那。”啪的一声，爸爸的水球也摔破了。

对，就是这样。爸爸妈妈感觉很爽，他们都敞开了心扉。

妈妈：“我恨你所有的事情都没有主见，都是我来安排，这样很累。”

爸爸：“我希望你对家人态度好一点。”

妈妈：“我喜欢你，喜欢还是很多的。我希望以后我们多沟通。”

爸爸：“最主要的还是要多包容。”

……

爸爸一句，妈妈一句，盒子里的水球越来越少了。能够说出压抑在心中的话，这种感觉真好。

兰海让爸爸妈妈通过毛水球的游戏，向彼此说出心中最想说的话

看到这一幕，外婆的情绪有些激动，也说出了自己心中的话："我希望你们俩，**好好珍惜对方，理解对方，相互爱，爱孩子。**"

说着，外婆的眼泪涌了出来，兰海揽住外婆的肩膀，帮着外婆平复情绪。妈妈赶紧走过来帮外婆擦眼泪。

兰海完全没有想到，爸爸妈妈的沟通会让外婆有那么大的反应。这是一个意外收获，兰海很高兴。兰海知道，每一位老人都希望小夫妻之间没有隔阂，相互理解地好好过日子。看到小夫妻今天的表现，外婆可以放心了。

兰海解读

- ◆从“我讨厌你”“我恨你”“我喜欢你”“我需要你”“我希望你”来表达内心的想法，是为了让他们先释放对彼此的不满和情绪，到最后的希望。
- ◆沟通的目的不仅仅是释放情绪，更重要的是对未来的生活有建设意义。
- ◆当他们说出对彼此的希望时，我相信他们做好了改变的准备。

丢丢又发脾气了

下午睡醒觉，丢丢想吃糖。可是妈妈不同意。丢丢一下子就发脾气了，她在妈妈的怀里又哭又闹。这正好给了兰海一个机会来辅导家人如何使用红白球。

兰海一边示范一边讲解：“丢丢，我知道你刚刚起床想吃糖，但是我们现在不能发脾气。”这句话里有两个重点，一个是对丢丢的感受表示理解，一个是要对丢丢提出要求。

“丢丢，我知道你现在很想吃糖。但是如果你现在能控制你的情绪，我们就奖励你一个白球。你现在是不能控制了吗？”

丢丢用哭声回答了兰海，她控制不住自己的情绪。按照规则，兰海往丢丢的玻璃瓶里放了一个红球。

丢丢的哭声小点儿了，兰海给丢丢解释：“刚才丢丢没有控制好自己的情绪，所以给了一个红球。如果现在丢丢能控制住自己，那就给一个白球，好吗，丢丢？”

丢丢关注着兰海的动作，她的哭声更小了。兰海真的往她的玻璃瓶里放了一个白球。

“你看，如果你刚才好好跟妈妈说话，不哭闹，我们就不会丢红球啦。”丢丢一点儿不哭了，她认真听着兰海的话，“我觉得丢丢今天做得不错，刚刚要发脾气的时候，就控制住了。”

为了加深丢丢的印象，兰海还热情地拥抱了丢丢，并且鼓励丢丢下一次做得更好。

丢丢很快就平静下来了，也不要吃糖了，她跟外婆玩了起来。全家人都很高兴，这么短的时间就控制好了丢丢的情绪，这在以前是不可能的。

爸爸这回真服了兰海了，这个红白球对丢丢真是管用，关键是每一个步骤都要做到位。爸爸也决心好好学习一下。

游戏给妈妈上了一课

丢丢妈妈是一个好强的人，她对孩子的要求过高，内心希望通过丢丢的超强表现来证明自己。妈妈对丢丢的要求过高，而这种要求带来的是只给目标，不给方法。只是要求丢丢要和别的小朋友玩，但是却没有体会到丢丢的胆小和她遇到的困难。超级育儿师兰海看到的是一个只提要求，要求所有人来配合自己的妈妈，而不是一个可以蹲下来和孩子说话，帮助孩子的妈妈。

强烈的控制欲让她在家庭环境中只能扮演领导的角色，丢丢妈妈要控制所有的局面，一旦局面超过她的控制范围，比如丢丢不听话，她就会乱发脾气，大吼大叫，甚至对丢丢动手。而这种行为都被丢丢无意识地模仿。孩子每一个行为产生的背后都有多种原因，并且环环相扣，只有从系统的角度解决问题才能帮助家庭真正发生改变。

兰海要带一家人玩一个游戏，让大人们去体会始终被强势控制的尴尬感受。

客厅地上铺了一张很大的塑料纸。塑料纸上整齐地排列着颜色不同、大小一致的圆形图案。

丢丢和外婆负责转动颜色转盘，指针指到什么颜色，爸爸妈妈的手脚就要放到相应的颜色上去。最后爸爸妈妈要按照转盘的指挥，把左手右手和左脚右脚分别放到指定的颜色圆块上。

游戏开始啦。丢丢转动了转盘，“红色！妈妈左脚！”再转，“绿色！爸爸左脚！”

转盘不停地转动，爸爸和妈妈摆出了奇特的造型。爸爸一只脚在前，一只脚在后，一只手在左，一只手在右，像极了一只横行的大螃蟹。再看妈妈，她的两只脚挨得很近，可两只手却要离得很远，因为手上没劲儿，妈妈快要支撑不住自己的身体，趴在塑料纸上了。

“哇，你们两个的动作太漂亮了！”兰海开起了玩笑。外婆和丢丢开心地哈哈大笑。

游戏继续，丢丢使劲转转盘。爸爸的左脚需要跨过妈妈的身体到另一端去，这个动作难度太大了，爸爸实在完成不了，他笑着败下阵来。

转盘不停地转动，爸爸和妈妈摆出了奇特的造型

“爸爸输了，妈妈获胜！”兰海宣布游戏结果，大家一起给妈妈鼓掌祝贺。

因为刚才一直保持着一个奇怪的大劈叉动作，此时的妈妈腿酸疼不已，她直接坐到了塑料纸上。

兰海问妈妈：“妈妈，被安排的感觉好吗？”

妈妈如实回答：“不好。”

“对于被安排的人来说，根本不知道自己的下一步会是什么。这个游戏是为了让妈妈体会到，你在安排别人的时候，别人的感受会是什么样的。所以我希望大家都记住，**当你去指挥别人时，你们需要先考虑对方的感受。**这是我给你们上的很重要的一课。”

丢丢喜欢这堂课，她明白了以后不能老指使别人，别人会很不舒服的。

妈妈在这堂课上收获最多。其实妈妈以前也知道自己有这些问题的，喜欢安排别人，太强势，但就是没当一回事。这次兰海郑重地提出来，并用游戏让她体会到了被安排的感受，妈妈这才认识到问题的严重性，自己必须得努力改正啊。

兰海解读

- 强势，已经成为妈妈的习惯。我需要让她真正体会到被指挥、被命令的感受是什么。
- 对于成年人来说，自己的反思是最重要的。对于我来说，思考得最多的是怎么通过父母的改变来帮助家庭整体提高。
- 孩子的成长是动态的，是变化的。如果我只教会父母技巧，而无法让父母在观念上有所转变，无法重建自己的思维意识，那么这样的改变是短暂的。所以，我会花较多的时间帮助父母进行自我提升。

丢丢对上幼儿园有了期待感

通过观察，兰海发现，丢丢不是抗拒去幼儿园，而是不适应整个起床的过程。孩子刚睁开眼睛，外婆还在舒缓地帮助她从睡眠中醒来，结果妈妈的急躁和坏脾气破坏了这个氛围。所以，要帮助丢丢解决的不是如何去幼儿园，而是如何起床。

三岁的丢丢，正是自我意识的爆发期，她渴望拥有选择的自由，渴望成为自己的主人。于是，让丢丢在去幼儿园的过程中享有选择的权利是一件能让她心满意足的事。同时，让丢丢拥有选择权也是让凡事要做主的妈妈往后退一步，对妈妈“让权”也有帮助。

针对丢丢的起床问题，兰海要教妈妈和外婆一个有效的方法。

丢丢的床头贴上了五块纸板，丢丢的床上摆了五张小卡片，每张卡片上都画着东西。这是怎么回事?

兰海给丢丢解释：“丢丢，你要上幼儿园，对不对？”

丢丢点头，对啊，哪有小朋友不上幼儿园的，这些道理丢丢都明白。

“上幼儿园对你来说，是一件特别重要的事情。每次上幼儿园，你都可以选择带点什么一起去幼儿园哦。”

原来是这样啊，说选就选，丢丢一口气把五天里想带的东西都选好了。

丢丢为星期一选择的是画着零食的卡片。兰海告诉丢丢，这就代表着星期一那天，丢丢早上醒来如果没有哭，就可以在家里面挑一个丢丢最喜欢的零食带着去上幼儿园。还可以再带两个其他的小零食分给丢丢的好朋友呢。

兰海讲解的时候，表情生动，声音里充满着喜悦，丢丢一下子被兰海的快乐感染了，她也快乐起来。

外婆看着兰海的示范，感受良多。自己和妈妈以前不懂方法，只是一个劲儿地叫丢丢起床，丢丢就会很烦躁，对起床和上幼儿园也没有任何期待感，效果自然很差。

兰海让妈妈像自己一样给丢丢解释。她让妈妈注意两点：一是要跟丢丢强调，她具有选择权；一是要声情并茂地表达，争取把丢丢带入一种兴奋的感觉。

妈妈把丢丢叫到身边："丢丢，你为星期二选择了衣服卡片。那就是说，星期二的早上，你可以穿你最想穿的衣服，高高兴兴地去幼儿园，好不好？"

"好！"丢丢听懂了妈妈的话，可以穿自己最喜欢的衣服上幼儿园，丢丢很期待哦。

讲解完毕，妈妈带着丢丢把选好的卡片对应好了贴在床头的纸板上。丢丢的小手很灵活，没一会儿，她就都贴好了。未来有那么多有趣的事要做呢，丢丢陶醉在兴奋当中，她在床上不停地跳来跳去。

看到丢丢这么开心，妈妈和外婆也特别高兴。

有的时候，家长们总是抱怨孩子不乖，其实更多情况下**不是孩子不乖，而是家长的方法不好。**

起床技巧

◆孩子拥有选择的权利。

◆让选择和起床后需要完成的事情有关系。

◆提前做好选择，在第二天早上把所做的选择和需要完成的任务相关联。

秘密小屋好棒！

父爱对孩子的成长是至关重要的。长期回避沟通的爸爸需要意识到自己的责任。成长是父母不能回避需要勇敢面对的内容。虽然兰海能理解爸爸不愿意回家，是担心发生冲突，但还是需要让他主动承担和孩子沟通的责任。

为此，兰海为丢丢和爸爸准备了一个神秘的礼物。

按照兰海的提示，爸爸和丢丢来到了二楼的阳台。哇，一个漂亮的绿色小帐篷！这真是一个惊喜，爸爸和丢丢都激动地鼓起掌来。

兰海给这个小帐篷起了一个名字：秘密小屋。爸爸把这个名字写在一块纸板上，然后和丢丢一起把纸板挂在了小帐篷上。

兰海告诉丢丢和爸爸："这个秘密小屋是给你和爸爸准备的。你们两个人可以在里面，分享你们白天发生的事情。你们也可以在这里互相说自己的小秘密。这里就是你们父女俩的单独空间。"

丢丢和爸爸兴奋地钻进小帐篷里。这里好小，爸爸的脑袋都碰到帐篷的顶了，可是这里感觉好安全。丢丢喜欢这个小帐篷。她要跟爸爸在这里多说会儿话，不让别人听见。

这正是兰海所希望的。孩子从小能够拥有自己的一些小秘密，特别是和爸爸

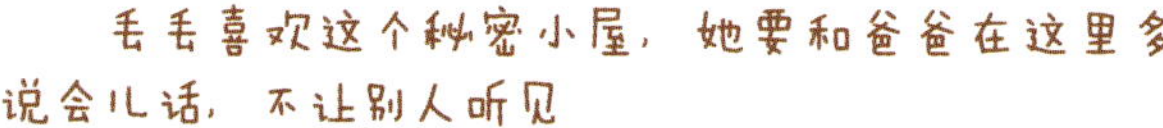
丢丢喜欢这个秘密小屋，她要和爸爸在这里多说会儿话，不让别人听见

妈妈的秘密，这是件多么美好的事情。

兰海还特别告诉爸爸："当你不在家的时候，你可以在里面摆上一些丢丢喜欢的玩具。丢丢就可以自己在里面玩了。"

爸爸觉得兰海的设计特别好。这个秘密小屋促进了丢丢和自己的交流，也增强了自己对于丢丢的责任感。爸爸决定以后要抓住一切机会陪丢丢。

- 父女共同给帐篷取名字。
- 把帐篷作为父女分享秘密的地方。
- 帐篷里可以有读物、玩具。
- 爸爸不在家的时候，可以在里面给丢丢留纸条或者物品，减缓爸爸不在时丢丢的负面情绪，起到陪伴作用。

每个大人都需要不断进步

辅导暂时告一段落，超级育儿师兰海要离开一段时间。

兰海走之前布置了一个重要的任务，爸爸妈妈要为丢丢办一个聚会。举办这个聚会有两个目的：一是为了让丢丢的自我意识得到满足，二是促进丢丢社交能力的发展。

妈妈有点儿担心自己，她怕自己还没有完全掌握兰海教的方法和技巧。

时间过得飞快，兰海又回到这个家庭，召开了第二次家庭会议。一起看看这个家庭这几天的表现吧。

爸爸妈妈都有了进步

视频回放一：

丢丢起床的时间到了。妈妈用欢快的声音叫丢丢起床：“早上好，宝贝。”丢丢一下子从被窝里钻了出来。

“哇，一下子就起来了！好厉害！”妈妈露出惊喜的表情，大声地表扬丢丢。

丢丢进步好大，今天起床一点都没有哭，乖乖地让外婆和妈妈穿衣服。妈妈和外婆都笑容满面的，丢丢的心情也很好。丢丢想说点什么：“我还想……”

“一会儿你要起来吃早饭，是不是？”妈妈没注意到丢丢的话，她自顾自地问丢丢。

“是！”丢丢的回答有点不耐烦。

“吃完早饭，我们昨天跟小朋友约好的，要一块去幼儿园。对不对？”

一提到幼儿园，丢丢发脾气了：“不去幼儿园！我不想上幼儿园！”

面对丢丢的小脾气，妈妈和外婆都没有训斥和吓唬丢丢，她们都还是笑眯眯地跟丢丢说话，给丢丢穿衣服。

外婆还对着丢丢的耳朵说：“丢丢最棒了，不跟妈妈发脾气，要考虑妈妈的感受。”

哦，差点忘记墙上的规则了。丢丢眨着大眼睛，跟妈妈承认错误：“妈妈对不起！给你吃个大蛋糕！”丢丢还亲了妈妈一下，表示对不起。妈妈很开心。

有了这个好的开始，接下来丢丢都表现很好，很乖地吃饭，然后背上书包去幼儿园。

看完了这段视频，兰海表扬了妈妈：“妈妈有了很大的变化。妈妈的语言、语气都有了非常大的进步。”

不过，兰海也指出妈妈还有两个小细节没有做好：一个是在丢丢刚起床的时候，不该跟她提幼儿园；一个是丢丢说话的时候，妈妈没有认真听，还打断了丢丢，让丢丢有点不高兴。

视频回放二：

傍晚，爸爸带着丢丢来到秘密小屋。爸爸有礼物要送给丢丢。父女俩商量好，爸爸送给丢丢的礼物，只能由丢丢打开，而且只能在秘密小屋里打开。爸爸还告诉丢丢，如果爸爸有事要出门，丢丢不能伤心。丢丢喊妈妈也来秘密小屋，陪丢丢一起打开爸爸送给丢丢的礼物。

这个时候，爸爸有事要走了。丢丢懂事地说："爸爸，我不伤心，我有个事情要跟你说。"

爸爸问："什么事呢？"

丢丢趴到爸爸耳边："爸爸，你要早点回来。"说完还使劲儿亲了爸爸。

父女俩关系好和谐啊，一旁的妈妈都有点嫉妒啦，呵呵。

这段视频让兰海很高兴，秘密小屋收到了兰海预期的效果。爸爸终于"长大"了。他给丢丢买了礼物，到神秘小屋跟丢丢分享，这非常棒。

 聚会风波

视频回放三：

爸爸和妈妈为丢丢举办了一个聚会。家里来了好多妈妈和小朋友，真热闹。

"快请坐。"妈妈热情地招呼大家。妈妈让丢丢也请大家坐，可是丢丢只顾着自己吃棒棒糖，没空照顾客人。

有的小朋友很害羞，不好意思自己拿吃的。妈妈又安排丢丢："丢丢，你应该给大家发东西啊！"丢丢还是没有按照妈妈的要求做。

小朋友们都各干各的，场面有点混乱。妈妈着急了，她催促丢丢："好了，你快点吃完，我们一会儿去楼上玩火车游戏。丢丢你来邀请大家，好不好？"

妈妈怎么这么多要求，丢丢有点烦，她大声地说："妈妈，你走开！"

"好好，你的聚会，你自己邀请大家。"妈妈没趣地站到了一旁。

丢丢已经有点不高兴了，她开始找各种小别扭。她还不小心摔了一跤。这下，丢丢的心情糟糕到了极点，她放声大哭起来，一个劲儿赖皮让妈妈抱。

外婆看不过去了，她对丢丢说："你现在非常不乖，婆婆要给你一个红球。"说着，外婆往丢丢的玻璃瓶里放了一个红球。

"不要，不要！"丢丢哭得更厉害了，"我不要球，我不要球！"整个场面一片混乱。

看到这里，兰海暂停了视频。她要点评。

“组织这样的聚会，是一件特别不容易的事情。但这是一个好的开始，我们已经开始在做了。在整个画面中，我又看到了一个特别想控制局面的妈妈。”兰海看着妈妈，妈妈不好意思地笑了，“当你不断给丢丢提要求的时候，你的潜台词是，丢丢什么都没做好。由于你的着急和你想控制，你的情绪激发了丢丢坏脾气的爆发。”

那么，到底怎样正确使用红白球？兰海让外婆记住一条规则：要尽量用白球去引导丢丢控制自己的情绪，而不是用红球去威胁丢丢。

婆婆给了丢丢一个白球

视频回放四：

丢丢的嗓子有点肿了，她不想吃药。爸爸妈妈围着丢丢，劝她吃药。

爸爸说：“丢丢，你现在脑子里什么也不要想，你就想你昨天——”

妈妈打断了爸爸：“丢丢表演一下在幼儿园怎么吃药，幼儿园老师根本都——”

“你不要说话。”爸爸又打断了妈妈，“想一想你昨天吃了多少蛋糕？以后天天都可以这样，只要你的嗓子不肿。”爸爸把药端到了丢丢嘴边。

“一口干，一口干。”妈妈又抢着说话。

丢丢张大了嘴巴，“阿——嚏——”丢丢居然只是打了个喷嚏，然后她又把药推开了。

“丢丢，你到底想干什么？”妈妈又控制不住自己的脾气了，她提高了声音，“赶紧吃药！”她生气地盯着丢丢，不断地用水杯敲击桌子。

看到妈妈发火，丢丢哇的一声哭了起来。外婆赶紧把丢丢抱到一边：“丢丢，婆婆给你一个白球好不好？如果你再哭，婆婆会给红球。那现在呢，你不再哭了，婆婆就给一个白球，好吗？”

听着外婆耐心地讲解，丢丢不哭了。外婆痛快地给丢丢的瓶子里放了一个白球。

“好，我们视频就看到这里。”兰海又开始辅导了，“现在我想说的是，这个家里面同时对丢丢说话的人太多了。她不知道该听谁的。”

“对对。”爸爸深有同感。妈妈不好意思地笑了。

兰海转向妈妈：“妈妈，遇到你不能够控制的局面，你的脾气就又爆发了。”

“对，如果当时她再不喝药的话，我肯定火就上来了，可能会给她一巴掌。你看到我已经在敲桌子了。”妈妈对自己的脾气有些无奈。

“可是公平地讲，妈妈控制不住自己的脾气，为什么没有人在她的瓶子里面放上一个红球？”兰海向大家提出这个问题。

接着，兰海又转向外婆：“外婆刚才做得很好，你没有按原来的习惯去做事，而是选择用白球引导丢丢。这非常好。但是外婆少了最后一步哦，当丢丢控制住自己的情绪后，你没有给丢丢一个拥抱。如果没有这一步，丢丢的脑海里面形成不了固定的认识。”

“对，对。”外婆不住地点头。

其实很多技巧就是由一个个小步骤组成的，少了哪一步都不能起到预期的效果。这是超级育儿师兰海一直以来跟大家强调的。

丢丢有点喜欢吃药了

进入到强化辅导环节，兰海打算利用吃药这个事情，教会家长如何和孩子平等地交流。

又到了丢丢吃药的时间。这一次，兰海给了妈妈一个吃药的步骤：第一步，描述你看到了什么；第二步，说出她的感受；第三步，给她一个提示，简单地说明要求；第四步，做完以后鼓励她。

兰海让妈妈严格按照步骤来跟丢丢交流，不能发脾气，不能动粗。有了兰海的步骤，妈妈心里踏实多了。她开始一步步尝试。

妈妈的语调很柔和："丢丢，我们来吃药了。我知道它很苦，你不想吃。可是吃完以后，你的身体会变得很好，就可以跟小朋友一块儿玩了。来吃吧。"

可是丢丢嘴里还有口香糖呢。没关系，妈妈让丢丢先把口香糖吐出来，由妈妈帮着保管，吃完了药再还给丢丢。

丢丢吐出了口香糖，妈妈把药端到了丢丢嘴边。丢丢一口气喝光了药，咂摸咂摸嘴，好苦啊。

兰海露出了惊喜的表情："哇，丢丢喝完了。真的吗？"丢丢骄傲地点头。

妈妈冲着丢丢竖起了两个大拇指，然后把丢丢抱进怀里，"我们家的小宝贝最棒了！"爸爸也在一旁竖起了大拇指："丢丢做得漂亮！"

"掌声！"大人们太夸张了，居然还在兰海的带领下给了丢丢热烈的掌声。丢丢很配合这群开心的大人，她把小手背在身后，学着电视上明星们的样子，冲着大家深深鞠了一躬，然后把双手举高，再鞠一躬，"谢谢大家！"

乖乖吃药，就能得到爸爸妈妈的拥抱、表扬和掌声，真是太好了！丢丢觉得自己有点喜欢吃药了，哪怕药有点苦呢。

鼓励孩子与自己合作的技巧

◆第一步：描述你看到了什么。

描述客观存在的现象，你看到了什么，周围的环境，孩子的表现和行为。

例如：我看见你的眼睛没有睁开。

◆第二步：说出感受。

说出你对孩子的感受，或者猜测孩子有哪些感受。

例如：我知道你不想起床，被子里多暖和。

◆第三步：简单要求。

前面的铺垫已经足够了，简单说出要求，切记不要啰嗦，不要有大道理，只是简单要求。

例如：来，穿衣服。

◆第四步：评价。

当孩子完成以后，进行评价。

例如：你做得太好了。

辅导结束了，超级育儿师兰海也要离开这个家庭了。她跟全家人告别："这段时间，我们相处得很愉快，你们也有了特别大的进步，接下来就要靠你们自己了。"

全家人都舍不得兰海，尤其是外婆。她特别感谢兰海教会了自己很多，她希望兰海能常来家里玩，希望兰海能成为全家人一生的好朋友。

而外婆在整个辅导过程中的谦虚好学，也给兰海留下了深刻的印象。如果每一位家长都能像外婆一样善于学习，那我们的家庭中一定会少很多有问题的小朋友。

外婆再见，爸爸妈妈再见，丢丢再见！告别了这一家人，兰海又匆匆踏上了自己的旅程。

兰海总结

被“窄”化的成长

十一月的四川已经很冷了，南方的城市家里都没有暖气，我刚进丢丢家门，就看见穿着厚厚棉袄的丢丢和外婆一起学习。我走上前看，原来是一堆认字的卡片。口齿还不是很清楚的丢丢能认识非常多的字，而原来从事教育工作的外婆也乐于如此。

丢丢父母和外婆都非常重视教育，而骄傲的妈妈对丢丢的要求很高，丢丢虽然脾气大，但却不能违抗妈妈的命令。可这个对教育如此重视的家庭却把绝大部分时间都花在认字读书上。丢丢妈妈告诉我家里给丢丢读的书很多，但就我观察来看，这些书都是识字认数的书。

丢丢身上反映了很多中国孩子的共同点，认识很多字，会做很多数学题。但或许性格孤僻，或许脾气暴躁，或许不知如何结交朋友，或许不会表达自己的情绪。于是，很多人又认为，孩子学多了就是有问题，应该随便玩，想干什么就干什么。

但真的是这样吗？对于三岁的孩子来说，该不该学习？又应该学什么呢？

1. 早教是个体早期教育，不是提前教育。

“早教”这词已经被广泛使用，被狭隘化使用。一提到“早教”，更多的人会直接等同于让孩子识字、数数等各种学习。这是错误的。

早教是指个体发展早期所需要的教育，一般来说是零至六岁期间的教育。早教不是提前教育。所以，父母大可不必就早教到底应不应该进行讨论，而是应该讨论什么是早教，孩子需要哪种形式和内容的早期教育。

2. 每个家庭都需要早期教育。

每个家庭都需要早期教育，人不能无知地长大。在我们越发认识到教育重要性的今天，就更需要心平气和地认识早期教育。如果我们现在否认早期教育的重要性和必要性就是自欺欺人的做法。早期教育中有两个部分的内容：一个是父母的成长，主要是父母学习应该如何和自己的孩子相处，并且在相处的过程中如何理解孩子的行为，并能从家庭环境中给予孩子成长所需要的成长元素。另外一个是孩子直接从外界获得的成长机会，比如幼儿园，比如学习机构。（我很谨慎地用“学习”二字，因为一提学习，就难免引起误解，因为有些人会狭隘地认为学习就是语文数学，如同早教就是识字数数一样。）

欧美非常重视早期教育，但其内核并不一样。在德国，如果在幼儿时期提前教授小学内容就会面临被处罚的危险。德国相当重视早期教育，他们提倡孩子作为一个社会自然人去了解社会，参观消防队，认识红绿灯，认识各种乐器，以及和别的小朋友在一起相处。美国则非常重视艺术在早期教育中的价值。

而父母对于教育的看法、个体发展规律则更是需要学习。只有父母进行了学习才有可能进行正确的选择。

3. 早教的基础是父母意识的转变，是自己的成长。

孩子的成长建立在父母的自我成长之上，所有的教育选择都是父母思想的体现。如果父母自己无法成长，就可能对早教做出错误的判断：一种是早教等同于知识学习，于是让孩子提前学数学并自以为是；一种是认为不需要早教，让孩子自然地成长就好了，随便的，任意的。

只有父母能够正确认识早期教育的重要性，才有可能意识到自己的陪伴对于孩子成长的重要性，才能每天抽出一定的时间陪孩子玩耍，才能为孩子选择正确的学习方式。所以，父母的价值无人能够取代，而父母必须学习，这也是早期教育的一部分。

4. 早教的执行者需要父母根据家庭情况进行选择。

父母是早期教育责无旁贷的执行者，但几乎所有的家庭都不可能单纯地依赖父母就能完成教育的全部，而早教的执行者是由很多的第三方来完成的。而第三方应该和父母的特点、能力形成互补。所以很多时候在我们不了解父母的特点和能力时就谈论孩子是否需要第三方教育执行机构是论据不足的。比如说一个不知道应该怎么和孩子玩的父母可能需要一个亲子班来带领自己学些和孩子玩的技巧，而一个充满艺术氛围的家庭有能力提供给孩子足够的认知艺术的机会，他就不需要选择他人或第三方机构来完成孩子对于艺术体验的需求。一个双职工家庭需要请老人或者阿姨来照顾孩子，而一个有全职妈妈或者全职爸爸的家庭则不需要。于是前者需要考虑老人和阿姨对孩子的影响，后者则不需要。在城市的家庭能够借助更多社会资源来开阔孩子眼界，但是却缺乏让孩子和大自然接触的机会，这点和在农村的家庭则相反，于是周末活动的选择则有区别。

所以父母要根据个体早期发展的需要全方面考虑孩子成长的需要都有哪些，自己能做什么，不能做什么，那么那些不能做的部分就需要考虑早教执行者。这是一个补全的过程,而非排斥的选择。孩子的成长不仅是父母自己的工作，还需要调动周围的社会资源。这才是早教真正的意义。

六岁之前，对孩子来说最重要的学习就是获得足够的安全感，学习表达情绪的方式，学习这个世界的规则。这些学习内容带给孩子们的价值远远超过识字数数。这些似乎看不见摸不着、不容易具体衡量的内容，恰恰是孩子生活中的重要内容，错过了孩子的成长期就找不到这种机会了。

而又有多少孩子的童年被限制在“语文数学英语”上？直到丢丢妈

妈发现孩子情绪难以控制想到求助，才发现孩子没有获得足够的成长机会。其实，就算是此时，丢丢妈妈也并没有真正认识到孩子已经错过了很多的成长机会，而我们能做的，是补充，积极地补充。

科学地学习孩子的成长规律并把其融入孩子的成长中，需要父母把自己拓宽，才有可能让孩子脱离被“窄”化的成长。

育儿小问答答案

A和C。父母需要陪伴孩子，同时不能欺骗和威胁孩子。

兰海解析：父母需要陪伴孩子，但同时不能威胁和欺骗孩子。稳定、互相尊重和拥有充分时间的家庭环境，是建立孩子安全感的重要因素。六岁以前，建立孩子的安全感，是父母的首要任务。

Chapter 7

压力山大的宝宝

北京宝宝铛铛今年五岁，是个可爱的小男孩。他还有个可爱的妹妹叫翘翘，今年两岁。

妈妈对铛铛要求很严格，她给铛铛报了各种课外班：星期一晚上是围棋，星期二是美术，星期三是软笔书法，星期四是电子琴……铛铛的生活被安排得满满的。小小的他做事又追求完美，遇到做不好的事就会很抓狂。而最让爸爸妈妈头疼的是，铛铛和妹妹翘翘经常为了抢一件东西发生争执。

如何帮助铛铛释放内心的压力，如何修复他和妹妹的关系，超级育儿师兰海会给出圆满的答案。

育儿小问答：

搬家和更换幼儿园时，应该如何帮助孩子更好地适应新环境？

A. 最初阶段，父母应该随时关注孩子的正面情绪和负面情绪。

B.父母需要提前教会孩子和陌生人交流的方法并加以练习。

C. 孩子的适应能力很强，不用教，他慢慢就会了。

铛铛的生活很忙碌

进入北京铛铛的家，超级育儿师兰海的第一印象是一家人其乐融融。

爸爸妈妈热情随和，哥哥铛铛大方、有礼貌，妹妹翘翘乖巧听话，姥姥姥爷安静谦和。然而，这一切只是表象。

这不，兰海进入正式观察没一会儿，铛铛和翘翘就为一本书起了争端。

爸爸妈妈都向着妹妹

铛铛坐在沙发上看书，翘翘凑过来也想看。那就一块儿看吧，可是翘翘不许哥哥拿着书，她让妈妈拿着书。

“好好，妈妈拿着书，你们俩看。”妈妈很顺着翘翘。

可是铛铛和翘翘看的速度不一样，铛铛已经看完一页了，翘翘还在看。铛铛要翻页，翘翘死死拽着书，就不让铛铛翻。

铛铛松开书，发出了无奈的尖叫。尖叫声太突然，其他人都被铛铛吓了一

跳。爸爸立刻批评铛铛："铛铛，别这么叫。"

铛铛的尖叫让兰海很好奇，**为什么这个五岁的孩子会用尖叫表达自己的愤怒？**

书在翘翘手里了，她一个人看。铛铛追着她求她："让我看看吧！"翘翘左右躲闪着，就不给铛铛看。

铛铛又着急地尖叫起来，他还伸手打了妹妹的脑袋。翘翘很机灵，把书挡在了脑袋上。

爸爸赶过来，抱住铛铛，不让铛铛再动手，"不许打妹妹。你先看别的书行不行？"妈妈也劝铛铛："你先玩别的行不行？要不然把你的玩具都给妹妹。"……

爸爸妈妈都站在妹妹一边。铛铛很无助，他听不进爸爸妈妈的劝说，不停地

为了争夺一本书，铛铛伸手就打向妹妹的脑袋，妹妹很机灵，把书挡在了脑袋上

哭叫："我就要看那本书，我就要看那本书。"

劝不好铛铛，翘翘又坚持不把书还给哥哥，怎么办？妈妈决定让兄妹俩分开一会儿，她带铛铛下楼去跳绳。

 "只有好好练习，你才能跳得比别人好"

一听可以下楼去玩，铛铛高兴了。他迅速穿戴整齐，跑着下了楼。

在小区里找了一小块阴凉地，铛铛开始跳绳。刚学跳绳还没几天，铛铛跳得还不熟练，不是踩着绳子，就是动作太大，控制不好自己的身体，快摔跤了。

在一边观看的妈妈很不高兴，她喋喋不休地指导铛铛怎么跳绳。

"你不要老成心往地上摔，你等绳到那了你再跳。"

"左手也得抡，你左手一直没动，只有右手在抡。我不是教你了嘛，你练练。"

"使劲跳，你越跳越低了！直着身子跳，你看你都快蹲下了，多累呀！"

……

妈妈的唠叨让铛铛心烦，玩个跳绳还有这么多规矩！铛铛把跳绳往地上一扔："我不练了！"

"铛铛！"妈妈很着急，她耐着性子劝铛铛，"没有人生下来就会的。谁都得练啊！"

铛铛坐在了地上："我就是不想练！"

"铛铛！"妈妈提高了声音，"悦悦已经会跳绳编花了，你不是还要跟悦悦比赛吗？他都已经会了。你快点练。"

接下来的时间里，妈妈反复地用输赢的方式激励铛铛："快起来。你只要好好练就一定能比别人好……"

迫于妈妈的坚持，铛铛又开始跳绳了，只是他的兴致明显不如刚玩的时候。

兰海有一种感觉，妈妈在铛铛面前的身份其实不像一个妈妈，更像一个严厉的老师。她把铛铛自由的跳绳活动变成一种竞争，那铛铛能从跳绳这项活动中得到什么呢？恐怕铛铛感受到的压力要远大于快乐吧。

家长们都在做笔记

铛铛的生活很忙碌。短暂的户外运动后，妈妈带铛铛去上电子琴课。

兰海、妈妈和铛铛一块儿进了电子琴课的教室。铛铛很主动地把自己抄的乐谱交给老师批改，然后回到自己的座位上专心地练琴。看得出来，铛铛是个认真听话的孩子，他很想做好老师布置的作业。

上课了。老师在讲枯燥的乐理知识。刚开始，铛铛的注意力还能集中，十几分钟后，他坐不住了，他开始做各种小动作：一会儿东看看西看看，一会儿打几下拍子，一会儿假装睡觉，一会儿又把乐谱抱在怀里，当一个小婴儿一样来回晃悠……陶醉在自己创造的娱乐中，铛铛很放松。这一切都没有逃过兰海的眼睛。

铛铛真的喜欢弹琴吗？五岁孩子的音乐课要上足九十分钟，**这样的课程严重违背儿童身心发展的规律，孩子怎么会喜欢？**但铛铛很坚强，他习惯了接受，同时他创造了度过难熬的九十分钟的好方法：自己找乐子。

最让兰海吃惊的是，课堂上陪孩子来上课的大人们都在做笔记，不知道是孩子们在上课，还是他们在上课。他们明知道孩子可能学不懂还是坚持让孩子来，同时他们也做好了回家给孩子补课的准备。那么，他们回到家里的身份怎能不是一个老师呢？

这样的教育现状让兰海很忧虑。

到底谁对铛铛的要求高

学完琴回到家，铛铛没有时间玩，他要写今天的音乐作业：抄乐谱。妈妈嘱咐铛铛：“别抄错了，看清楚了再抄，要严格按照乐谱来抄。”

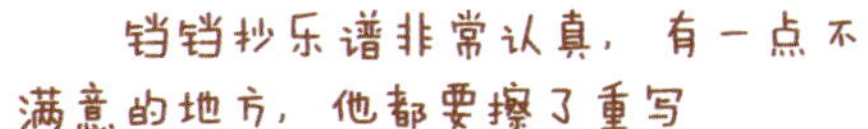

铛铛抄得很认真，有一点不满意的地方，他都要擦了重写。有时一个小符号，他要重写好几遍，直到自己满意为止。

兰海观察着铛铛，她陷入了思考，**这个孩子为什么对自己的要求这么高，**是自己追求完美，还是别人对他的要求太高呢?

抄乐谱抄得有些心烦，铛铛在座位上活动活动手脚，接着写。翘翘来捣乱了。她看见哥哥不停地擦自己抄的乐谱，她也帮忙擦。

铛铛一下子就爆发了，他冲着妹妹大喊大叫："哎，这不用擦，你非给我擦什么擦啊！走开！"看妹妹还不走，他伸手就打妹妹。爸爸妈妈赶紧跑过来抱走翘翘。面对脾气急躁的铛铛，爸爸妈妈也没有好办法。

夜幕降临了。抄完了乐谱，铛铛还不能玩，他得练习今天新学的曲子。妈妈站在他的身后监督。

铛铛弹得不太好，妈妈的脸色越来越难看。“你弹得对吗？对吗？你到底从哪儿弹呢？”

铛铛看了一眼表情严肃的妈妈，摇头说：“我不知道。”

妈妈更生气了：“不知道你就从头弹！”

看见铛铛一只手放在脖子上，妈妈又大声说：“你揪着脖子干什么？你揪着脖子能弹好吗？”妈妈一边说，一边把铛铛的手从脖子上拽下来。

妈妈的介入让铛铛不知所措，他不想弹琴了。他从琴凳上下来想逃开。可是妈妈拉住了他：“你既然弹了，就得从头弹到尾！”

铛铛用力想挣脱妈妈：“我现在就是不想弹，我想玩。”

妈妈很坚持：“那你必须把这两首曲子弹完，善始善终。”妈妈把铛铛拽回到琴凳上，铛铛没办法，只好乖乖地按妈妈的要求弹琴。

妈妈的观点是，我们既然做一件事，就应该尽力把这件事做好。如果根本不想做好，那索性开始就不要学。她认为这是一个观念和毅力的问题。

 哥哥要向妹妹学习

吃晚饭了，铛铛也不能轻松。妈妈一个劲儿要求铛铛吃一个鸡腿：“快点拿着吃！”可是铛铛不想吃鸡腿。

妈妈说：“每个小朋友都得吃完自己的那份，铛铛，快点用手拿着吃。”看铛铛还是拒绝，妈妈抓起铛铛的手去拿鸡腿。铛铛没办法了，拿起鸡腿，勉强咬了一口，然后又放下了。

“铛铛，你看妹妹吃得多好。”妈妈用妹妹教育铛铛。妹妹的确很听妈妈的话，才两岁的她已经能抓稳鸡腿了。有了妈妈的表扬，妹妹一口一口吃得更加带劲儿。

妈妈说：“妹妹觉得特别好吃，姥姥给买的，你再吃一口。”

爸爸也在一旁劝铛铛：“你看妹妹吃得多好啊。你得向妹妹学习。”

铛铛不断摆手拒绝，爸爸妈妈不断劝。爸爸妈妈好烦啊，为了不想再听他们唠叨，铛铛只好又咬了一口鸡腿。

妈妈腾出手来，指着鸡腿的一个位置：“铛铛，这儿好咬，咬这儿！”铛铛咬哪儿妈妈也要指导，铛铛要崩溃了，兰海也看得直摇头。

铛铛的一口咬得很小，妈妈很不满意：“铛铛，你看妹妹咬得多棒！”

唉，又是妹妹，**怎么所有的话都在表扬妹妹？**铛铛不想听了，他把头靠在沙发上以示拒绝。可妈妈还在说个不停：“你刚才都没咬到这块鸡肉，今天姥姥做得特别好吃，你不信问妹妹，妹妹都特别爱吃。”

在整个吃饭的环节里，兰海听到的都是妹妹如何如何好，哥哥应该向她学习。兰海感觉铛铛在家里毫无地位可言，她很心疼铛铛。

喜欢爸爸陪着读英语

吃过晚饭，妈妈又安排铛铛读英语。这让兰海很吃惊，一天了，铛铛还没有等到自由自在玩的时间。可怜的孩子。

铛铛喜欢让爸爸带着自己读英语。他舒服地靠在爸爸身上，爸爸读一句，铛铛读一句。

妈妈过来了，她觉得铛铛读得不够认真，坐的姿势也不够端正，于是她不由分说地宣布：“爸爸，你退休了，我来。”

铛铛趴在爸爸腿上，不让爸爸走，他快要哭了：“我要爸爸陪我读英语。”

妈妈说：“可是你跟着爸爸不好好读啊。”爸爸附和妈妈：“对啊！”

铛铛紧紧拽着爸爸的裤子，就是不让爸爸离开。妈妈劝铛铛：“你坐好了，好好读，就让爸爸在旁边陪着。”

爸爸妈妈总是站在一条战线上对待铛铛，铛铛的抗争是没有用的，他只有服从。爸爸坐在床边陪着，铛铛笔直地站在床下，跟妈妈读英语。

兰海发现了爸爸和妈妈带铛铛读英语的不同：只要铛铛在读英语，爸爸觉得就可以了，其他的细节可以忽略不计；但是妈妈会从坐的姿势，到拿书的位置，到铛铛的发音，都要他严格地按要求去做。

兰海突然理解了铛铛对爸爸的依赖和对妈妈的排斥。在这个家里，**爸爸是一个爸爸，而妈妈就是一个严厉的老师。**

谁陪我玩啊

整个晚上，铛铛抄了乐谱，弹了琴，读了英语，还做了数学题！兰海简直不敢相信这是一个五岁孩子的晚上。

直到快九点，铛铛终于等到了可以自由玩的时间，他要和爸爸一起玩，可是爸爸却临时有事，需要接一个电话。

累了一个晚上的铛铛终于控制不住自己的情绪，他拽着爸爸号啕大哭：“爸爸没事。”

妈妈劝他：“你自己先玩一会儿，爸爸工作上真有事。”爸爸也劝他：“爸爸就在那边打个电话，很快就回来。”

铛铛抱着爸爸的腿哭着说：“我跟爸爸一起打电话。”

“那你就浪费自己玩的时间吧！”妈妈的说法让铛铛放开了爸爸。

爸爸去打电话了，妈妈让铛铛自己玩，她要照顾妹妹。铛铛每隔几分钟都去看看爸爸：“爸爸，你打完了没有？”

妈妈不断地把铛铛叫回来：“你再去打扰爸爸，你玩的时间可就又少了啊！”

“不行，**谁来陪我玩啊！**”铛铛哭喊着。

在爸爸打电话的二十多分钟里，铛铛一直在喊着这样一句话，谁来陪我玩啊。但是，在这个家里，好像没有谁真正回应铛铛的需求和诉说。

观察日就在铛铛的哭声中结束了，铛铛的哭声让兰海很心疼，她的心情很沉重。

◆儿童最大的任务就是“玩”，在玩中探索时间、学习规则和与人沟通。

◆孩子需要“无聊”的时间，沉浸在自己才懂的世界里。

◆接纳孩子的感受是亲子沟通中最重要的一步。

◆宽容是建立在公平的基础上，对于孩子来说，他首先需要获得公平的态度。

◆孩子们在“抢”爱，而不是一件玩具，一本书。

◆有一种错过需要用一生来弥补，那就是孩子的成长。

孩子最大的任务就是“玩”

通过观察，超级育儿师兰海发现爸爸妈妈对铛铛缺乏理解，他们只会要求铛铛，然后在铛铛达不到要求时批评铛铛。他们完全不了解铛铛作为一个五岁孩子，内心真正的需要是什么。

兰海希望在家庭会议上能够帮助爸爸妈妈认识到，他们需要改变。

兰海能顺利达到自己的目的吗？

兰海指出爸爸妈妈的问题

会议一开始，兰海就直接地指出了爸爸妈妈身上存在的三个问题。

第一个问题：兰海认为，**爸爸妈妈给铛铛施加的压力太大了。**他有那么多的课外班，回到家要完成很多作业，玩的时间太少了。

妈妈不同意兰海的观点，她觉得这不光是他们家的问题，这应该是一个普遍的社会问题。

兰海也承认这是一个社会问题，但是她认为家长完全可以做出另一种选择，不能因为大家都这么做，就要固执地做下去。

可妈妈坚持认为，孩子既然生活在这个社会里，就应该努力融入这个社会。妈妈的观点代表了当前社会很多父母在这个问题上的看法。

兰海敏锐地抓住妈妈谈话中的一个词，作为自己的切入点："妈妈提到了'融入'这个关键词，那让我来告诉你什么是'融入'。**我们要融入的是整个中国社会的文化，而不是一种错误的学习方式。**"

兰海的解释让妈妈眼前一亮："要帮着铛铛更好更快地适应我们的文化，你们需要清楚地知道，在铛铛的年龄阶段，最重要的是什么。没错，孩子在这个阶段需要学习，但并不是所有的孩子都选择了你们说的方式来学习。孩子学习一定要选择正确的方法，这一点至关重要。"

第二个问题：妈妈总是说自己对铛铛没什么要求。可事实真的是这样吗？铛铛跳绳时，妈妈喋喋不休地指点。铛铛写作业时，妈妈反复提醒要认真。弹琴的时候，妈妈会不断说："铛铛，你这个地方弹得不行，再来一遍。"

兰海语重心长地提醒爸爸妈妈："在一个旁观者的眼中，我觉得铛铛在接受你们所有的要求，你们想一想，你们真的没有给过他要求吗？"

第三个问题：兰海认为铛铛在这个家里，他很多好的行为没有得到大家的重视，他总是被要求要向妹妹学习。"我特别心疼铛铛，铛铛在这个家里没有什么地位。"

妈妈又提出了反对意见："可是我们家的亲戚都会说我偏向哥哥。"

亲戚们看到了妈妈**对铛铛的高要求，这并不是一种偏向。**正如爸爸说的，不管妈妈的出发点是什么，反正从表现上来看，妈妈的确是偏袒妹妹多一些，表扬妹妹多一些。

兰海问爸爸妈妈："你们有没有发现，每次当铛铛情绪比较激动的时候，他做的第一件事情就是尖叫。为什么会这样？"这是爸爸妈妈没有想过的。

"铛铛和妹妹发生冲突时，因为妹妹年龄小，爸爸妈妈一定会把关注度转移到妹妹身上。而铛铛内心感受和需要就被忽视了。他不知道如何表达自己的情绪，愤怒、伤心、沮丧，只有发出尖叫表达他的愤怒、不满和拒绝。他每一次和妹妹争夺，都是妹妹在爸爸妈妈那边，他过去了，**他不是在抢书，他抢的是爸爸妈妈。**”

兰海说得很动情。而这边，爸爸妈妈已经泣不成声。

兰海成功地帮助爸爸妈妈认识到自己的问题。“我们需要做出一些改变，好吗？”爸爸妈妈擦干眼泪，郑重地点头：“嗯。”

铛铛的减压计划

兰海决定帮助这个压力过大的孩子减压。

减压计划的第一步：让铛铛每天拥有名正言顺的玩的时间，满足这个五岁孩子对玩的需求。

兰海带着爸爸、妈妈和铛铛一起制定铛铛的时间表。兰海拿出事先准备好的一张大表，上面已经填好了铛铛每天的课程和任务。表格上还有很多空白的地方，这些空白处所代表的时间，铛铛可以选择，用来做自己喜欢的事情，比如玩。

兰海说：“铛铛，我现在要给你布置一个任务，每天晚上有一段固定的时间给你玩。这段时间是什么时候呢，你可以跟爸爸妈妈商量一下。”

什么，每天晚上都可以玩了？铛铛几乎不敢相信自己的耳朵，他忍不住笑出了声。

经过跟爸爸妈妈商量，铛铛把玩的时间定在了每天晚上的八点半到九点。铛铛在时间表上的相应位置都贴上了一个黄色的“玩”字卡片。星期日的下午没有课外班，铛铛贴了满满的四个“玩”。看着这么多耀眼的“玩”字，铛铛开心得合不拢嘴。

兰海给铛铛讲解玩的规则：“铛铛，你要听好了，这些时间是你玩的时间，任何人都不能在这些时间让你去做其他的事情，除非你自己想。另外在这些时间里，你是需要一个人玩的，但是如果家里人想来陪你玩是可以的。”

铛铛坐在爸爸妈妈的中间，听得很认真，“好！”铛铛在时间表的下方签上

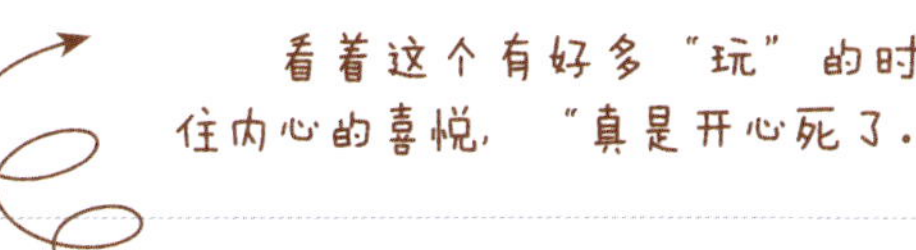

自己的名字，然后在爸爸妈妈的帮助下，他把时间表贴在了自己的床头。

看着这个新的有好多“玩”的时间表，铛铛抑制不住内心的喜悦，他告诉兰海：“真是开心死了！”

兰海解读

- 铛铛的“学习任务”太重了，列出日程表是为了让全家人都清晰地看到铛铛有多忙。
- 确认“玩”的时间是为了让所有人遵守时间安排，不用任何理由抢夺铛铛玩的时间。
- 铛铛对于爸爸妈妈的过度依赖也需要得到改变，我希望铛铛能学会独处，这对于即将进入小学的他来说，是重要的一课。

爸爸妈妈关注铛铛了

减压计划的第二步：**爸爸妈妈要学会认同和尊重铛铛。**

观察日中兰海感受到了妈妈的严肃，她的语言比较生硬，态度严厉。很少能看到她对待铛铛的温柔，但是对妹妹的态度却大不一样。也许因为铛铛是男孩子，妈妈自然对他的态度比较强硬。而每次铛铛透露出自己有些累或者不满，妈妈总是认为铛铛在撒谎，所以不承认孩子的感受。**铛铛的感受完全没有被接纳，**妈妈会拒绝承认铛铛的感受。这又让铛铛的情感没有办法得到抒发。这种做法只会加深孩子内心的委屈，而更加不愿意做作业或者练琴。

妈妈需要改变自己对铛铛的态度和沟通方法，需要询问孩子的感受，并且回应。比如铛铛说弹琴很累，妈妈需要回应："是吧，铛铛就是很累啊。是不是手指头有点酸呢？"而不是说："你怎么可能累？"感受是孩子的主观体会，父母需要接纳。

当铛铛情绪比较激动时，要耐心地询问他的感受，并理解和回应他的感受，这样慢慢就能够帮着他疏导负面情绪了。

兰海还指出更为重要的一点，爸爸妈妈需要**在家庭里树立哥哥的形象，**所以要尽可能地去减少说"妹妹做得多好，哥哥要跟她学"之类的话，要善于捕捉哥哥做得好的地方，把同样的话用在哥哥身上。

到铛铛练琴的时间了。可是翘翘正在弹哥哥的电子琴，她胡乱地弹，边弹边唱："我是小猫咪啊，我喜欢弹琴！"翘翘的歌把大家都逗乐了。

"翘翘，咱们让哥哥表演一个吧。"爸爸劝妹妹下来。

"不行。"翘翘还没弹够，她不想下来。

"咱们该换人了，翘翘休息一下，哥哥来弹。"妈妈说着，要把翘翘从琴凳上抱下来。

"不行，我要弹琴——"翘翘马上就哭起来。

妹妹的眼泪是制服妈妈的法宝哦。刚才还在坚持的妈妈一下子就变了："铛铛，咱们轮流弹，你先让妹妹弹一会儿好吗？”

“不行！”一直耐着性子等着的铛铛有点不高兴了，他一边说着，一边去扒拉妹妹。妹妹也毫不示弱，她也用手去推铛铛。眼见着一场战争就要爆发了。

超级育儿师兰海赶紧出面，手把手辅导爸爸妈妈遇到这类问题怎么处理。

“如果以后在哥哥要练琴的时间妹妹是这种状态的话，妈妈可以告诉妹妹，为什么这个时候是需要哥哥弹的。妈妈要跟妹妹强调，这是哥哥的弹琴时间，以后你长大了也有你的弹琴时间。”

“咱们一起听哥哥弹琴好不好，翘翘？现在是哥哥的弹琴时间。你来加油！”用了兰海教的方法，妈妈终于把翘翘劝下了琴凳。

铛铛弹琴前，妈妈认真跟铛铛说了几句话：“铛铛，妈妈下面说的话对你来说很重要。妈妈的要求就是每个曲子只要弹得顺，没有错音咱们就过，好吗？”

平时自己弹琴，妈妈总是能挑出各种不是来。妈妈今天这是怎么了，铛铛有点不相信妈妈。

铛铛练习上次课新学的曲子《玛丽和小羊》。可是，因为不熟练，他第一小节就弹错了一个音。“我弹错了。”他紧张地看了妈妈一眼。

妈妈很温和：“没关系，你接着弹，哪有不错的。只要能顺下来，咱们就算过，好吗？”

妈妈居然没有生气，也没有像平常一样唠叨。铛铛放松了，他认真弹完了《玛丽和小羊》这首曲子。他得到了兰海和妈妈的表扬。妈妈还特别告诉他：“铛铛今天弹得很不错。以后只要是这个水平就可以了，好吗？”

铛铛痛快地回答妈妈：“可以！”

弹琴受到妈妈表扬，这是头一次。铛铛心情很舒畅，母子俩还热情拥抱了一下。

我是哥哥

有了前面的基础，兰海决定实施减压计划的最后一步：协调兄妹之间的关系，确定哥哥的职责和权威。

铛铛在家里地位不高，有一个聪明伶俐经常作为自己榜样的妹妹，有一个严格要求的完美主义者的妈妈。而爸爸妈妈在处理兄妹关系时，不以对错来判断，而以年龄大小来判断。这让哥哥没有发言权，也激发不了他的“哥哥”意识。

兰海又召开了一次家庭会议，爸爸、妈妈、铛铛和翘翘都参加了这次会议。

“今天，我想给大家出一个题目，这个题目是‘我是哥哥’。一家人需要一块儿讨论，作为哥哥，铛铛应该做到哪几条？”

铛铛自己提出了第一条：要保护妹妹。爸爸妈妈说了第二条和第三条：不跟

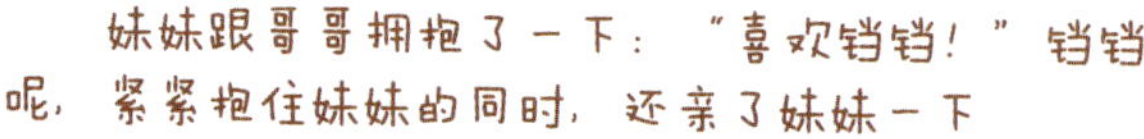

妹妹抢东西和要帮助妹妹。

妈妈把三条都记在了兰海准备好的大纸板上。然后，按照兰海的要求，铛铛把翘翘叫到身边，一条一条念给翘翘听。翘翘很聪明，她每一句都听懂了。她跟哥哥拥抱了一下："喜欢铛铛！"铛铛呢，紧紧抱住妹妹的同时，还亲了妹妹一下。

这一幕让兰海和爸爸妈妈激动地鼓起了掌："真好！真好！"

为了培养铛铛当哥哥的责任感，兰海还设计了一个小游戏。因为妹妹经常来铛铛的屋子里玩，兰海让铛铛把自己认为危险的可能会伤害到妹妹的东西放到一个盒子里，"铛铛你是哥哥，你要记住，你是妹妹的保护者。"

领了任务，铛铛马上开始行动。小剪刀太危险了，妹妹不会用，乱拿就会伤到手，铛铛首先把剪刀放进了盒子里。转笔刀有刀刃哦，也有点危险。还有这个铁的玩具，妹妹老乱摸，砸到脚可就坏了……

没一会儿，铛铛就收满了一小盒有可能伤害妹妹的东西。妈妈抱着这盒东西，由衷地表扬铛铛："铛铛，你很有做哥哥的样子！你很棒！"

这个小游戏也让铛铛明白了，作为一个哥哥需要从行动上真正地替妹妹着想。

兰海解读

◆全家人一起讨论哥哥应该有哪些行为，这个方式让铛铛渴望认可的需求被满足，也得到了家人的重视。

◆铛铛对自己的要求已经解决了兄妹之间的很多矛盾，也让铛铛对自己、对哥哥的角色有了认识。

◆铛铛对妹妹说出这三条，是在妹妹面前建立哥哥的角色。让妹妹知道，这个哥哥是会帮助自己的，也是她需要尊重的。

铛铛的成就感

兰海要暂时离开几天，她希望爸爸妈妈继续使用她教的方法。

爸爸平时工作很忙，很少有时间陪铛铛，兰海特别给爸爸布置了一个任务：爸爸要带着铛铛单独玩一件东西。作为家里的两个男人，兰海希望他们之间能建立起一种默契。铛铛平时就很渴望跟爸爸一起玩，这也是满足铛铛内心需要的好办法。

时间过得很快，兰海又回到这个家，她召开了新一轮的家庭会议。

按照惯例，兰海要带着爸爸妈妈看这几天的视频回放，然后分析点评，寻找需要深入辅导的地方。

飞来的球打到了铛铛的鼻子

在兰海离开之前，留给爸爸一个任务，要求他安排一次单独和铛铛相处的活动。对于男孩来说，如果从小能建立和父亲之间的沟通方式是非常有价值的。首先，这种沟通方式具有传统感，能逐渐形成家庭的相处模式。其次，这种固定的沟通方式能够在将来帮助孩子向青春期过渡时有重大价值。**家庭中的特殊沟通渠道越早建立越有价值，能够让孩子把情绪和秘密在不同的关系中释放。**

阳光明媚的周末，爸爸带铛铛玩接球游戏。爸爸希望通过这个游戏，训练铛铛的力量和身体的灵活性，培养铛铛坚强、勇敢、能吃苦的品质。

游戏一开始，爸爸就遇到了难题。

两个人一个人抛球，一个人接球。爸爸首先顺利接住了铛铛抛过来的球，他又给铛铛抛了回去。白色的小球速度很快，铛铛躲闪不及，被球打到了鼻子。

“啊——好疼啊！”铛铛捂着鼻子放声大哭，“我不玩了！”

爸爸赶紧跑过来，仔细查看：“很疼吧。快让爸爸看看，爸爸帮你吹吹。”还好，只是鼻子有点红，没有大问题，爸爸放心了。

疼劲儿慢慢过去了，铛铛的哭声也小了，可是他怕了，他不想继续玩球了。

爸爸蹲在铛铛身边，耐心地劝铛铛：“儿子，你是一个小男子汉，这点挫折打不倒你的。坚强点！爸爸希望你能接一次球。”

在爸爸耐心地劝说下，铛铛终于又站起来玩球了。

爸爸教给铛铛接球的方法，球往哪个方向跑，人就往哪个方向跑，然后看着球把它接住。“你一定要看好了啊，来，准备好了接球——”

爸爸一边说着，一边向铛铛的旁边抛了一个又低又缓的球。铛铛迅速伸手，轻松地接住了这个球。“儿子，真棒！”

铛铛用力把球给爸爸抛回去，爸爸没接住，“你看，爸爸也有接不住的时候。”爸爸又冲着铛铛身边扔了回去，铛铛又轻松地接住了。

视频看完了。整个游戏的过程中，爸爸对铛铛很耐心，兰海特别表扬了爸爸这一点，同时她也指出了爸爸需要改进的地方。

“在铛铛不能很好地接住球时，爸爸的行为发生了一些改变。你让你的抛球变得更准，这样铛铛很容易就能接到。”爸爸点头，他是这样做的。

“其实，更好的方法是你手把手地教他怎样才能接到你的球，然后难度逐渐增大。这样铛铛明白是自己真的能行，而不是爸爸让着他。只有这样，铛铛才能真正体验到成功带给他的快乐。孩子在慢慢地长大，他能读懂大人所做的事情。”

 来了一股绿色的风

铛铛在画画。他要把今天跟爸爸玩球的过程画下来，爸爸妈妈饶有兴趣地坐在一旁看他画。

孩子的世界是五彩缤纷的。铛铛画了蓝色的天空、碧绿的草地和美丽的小花，画了跑动的爸爸和自己，还画了白色的球门。

“你忘了画上今天最重要的东西吧。”爸爸提醒铛铛。

“哦，对，忘了画球了。球是棕色的。”铛铛找棕色的画笔。

翘翘听见哥哥的话，跑过来给哥哥送笔，“哥哥，给你笔。”

爸爸妈妈怕她给铛铛捣乱，提前嘱咐：“妹妹帮哥哥递笔就好了。哥哥用过的画笔，妹妹也帮着收着。”

可是翘翘也想画画，她趁哥哥没注意，用绿色的画笔在哥哥的画上画了长长弯弯的一道。

哎呀，真难看。不过，铛铛今天心情很好，他没有冲妹妹发脾气。他只是张大了嘴巴，露出吃惊的表情。爸爸赶紧劝铛铛说：“没关系的。”

妈妈很聪明，她俏皮地说：“妹妹只是告诉你，刮风了。来了一股绿色的风。”

妈妈的说法激发了铛铛的想象力，他笑着说：“还是带着草的风！”

妈妈点头：“可不是嘛，风卷着草就吹过来了。呼呼，呼呼。”

看到这一段，兰海很高兴。她大力表扬了妈妈：“妈妈很棒，把妹妹的捣蛋行为，变成了一件有趣的事情。”

爸爸妈妈更高兴，简单几句话就解决了以前非常难处理的问题，这是兰海辅

导的效果，妈妈特别感激兰海。

这一切看上去发生得无声无息，但实际上有很深的内容在里面。铛铛的内心情绪得到爸爸妈妈的关注后，他做事情的方式就得到了彻底改变。

兰海鼓励爸爸妈妈：“继续加油！”

 爸爸摘了铛铛的“玩”字卡片

晚上八点半，是铛铛自己玩的时间。可是铛铛不想自己玩，他不知道自己玩什么。

妈妈准备哄妹妹睡觉。铛铛一次一次地凑过去：“我们三个人一起玩吧。”

妈妈不同意：“现在是你自己玩的时间。我们得按时间表来啊。到九点，你再来找我玩，好吗？”

爸爸觉得，铛铛作为一个男孩子不应该这么黏人，他威胁铛铛：“如果你要再这样叫妈妈一次的话，爸爸就把你时间表上的‘玩’字给摘下来了。”铛铛不理睬爸爸。

“爸爸要给你摘了啊。”爸爸一边观察着铛铛，一边慢慢往铛铛的屋子走。铛铛还是没有自己去玩，他抱着一个小盒子在犹豫。他有点担心，他也在观察着爸爸的动向。

爸爸真的开始摘时间表上“玩”的卡片了，一个，两个，三个！

爸爸怎么能取消铛铛玩的时间呢？铛铛愤怒地用手中的盒子使劲敲击地板，哐哐哐！然后他哭着跑到爸爸身边，去抢爸爸手里的卡片，“这是我的。”

爸爸躲闪着铛铛，“铛铛，你是不是跟兰海老师约定了，这个时间是你自己玩的时间。铛铛，爸爸还会给你贴回去的，只要你自己玩。铛铛，你是男子汉，你说话一定要算数，知道不知道？”

看完了这段视频，兰海问爸爸的想法。爸爸觉得自己做得还是不错的。自己虽然摘了铛铛的“玩”字卡片，可是在后面的活动中，他引导铛铛好好表现，他

又重新把卡片贴了回去。

可是兰海跟爸爸的看法不同。她认为，**爸爸用铛铛最在乎的事情来威胁铛铛，这是不对的，**是爸爸的行为直接诱发了铛铛后面的情绪失控。

兰海告诉爸爸，在打球时，爸爸感受到了铛铛的畏难情绪，并耐心地宽慰和疏导铛铛。而面对不想自己玩的铛铛，爸爸却选择了粗暴的威胁。如果爸爸当时能够理解铛铛，找到他不想自己玩的原因，那事情的发展就会完全不同。

铛铛是愿意自己玩的，他非常在乎自己玩的时间，这些都可以从铛铛的行为中明显地看出来。只是他不知道自己该玩什么。所以这个时候，爸爸妈妈应该教铛铛“自己玩的方法”，而不只是简单要求铛铛“自己去玩”。

兰海的辅导让爸爸妈妈豁然开朗。爸爸坦言，下一次再遇到这样的情况，他知道该怎么处理了。

爱需要表达

尽管还有一些不足，但爸爸和妈妈这段时间的确有了很大的进步。

爸爸陪孩子的时间比以前多了。妈妈从一个严厉的老师变回了善解人意的妈妈。而他们的改变在孩子身上的投射最为明显。铛铛不再爱发脾气，翘翘也学会了尊重哥哥。这个家的气氛真正其乐融融起来。

为了巩固取得的成绩，帮助爸爸妈妈掌握更多的技巧，兰海要对这个家庭进行强化辅导。

全家一起做游戏

兰海给全家设计了一个小游戏——按照地图寻找兰海送给这个家庭的礼物。通过这个游戏，兰海希望爸爸妈妈能够学会一种方法：**在生活中用小游戏来提高孩子的综合素质。**

这个游戏在超市里进行。兰海首先选出这个家庭中最重要的人——铛铛来当小队长。

“我的礼物放在了一个神秘的地方。大家要在队长的带领下去找到这份礼物。铛铛你是队长，现在你来给大家分配任务吧。”

铛铛还真有个队长样儿：“大家要合作，我希望你们能帮助我。爸爸你要负责拿地图。妈妈你负责照顾妹妹。”铛铛的考虑很周全，安排也很合理。爸爸妈妈一致赞同。

铛铛没有忘记给翘翘安排任务：“妹妹，你要给我加油，帮我看看，好吗？”翘翘乖乖地点头。

一切安排妥当，铛铛带着全家人开始行动了！

在爸爸的引导下，铛铛仔细研究了地图。地图由五个颜色不同的方块组成，每一个方块上标有序号。铛铛看明白了地图，果断地带大家去寻找1号方块。

这真像一次寻宝活动啊，铛铛玩得很投入。他带着一家人很快找到了所有的方块。他们现在的位置是在超市的文具货架前。

妈妈说：“礼物应该就在这儿了。”可眼前有各种各样的文具，哪一个是兰海送给他们的礼物呢？

爸爸指着一个装画板的大纸盒：“会不会是这个？铛铛，你觉得呢？”

铛铛又仔细看地图。地图上没有画出礼物的形状，但是画上了礼物的颜色，铛铛细细比对：“地图上有紫色和绿色，这个盒子上也有紫色和绿色。这儿有笔，这儿也有笔！”

铛铛确定了这个画板就是他们要寻找的礼物。他像一个训练有素的士兵一样，跑到兰海面前，向兰海敬礼：“报告！”

兰海也站直了身体：“你要报告什么？”

铛铛指着画板：“我们找到了礼物！”

兰海竖起了大拇指：“好的，恭喜铛铛领导的队伍获得了胜利。今天铛铛做得很好，大家也做得很好。希望你们喜欢我送给大家的礼物。”

兰海还给铛铛提了新要求：“希望铛铛以后能继续用这样的方式带爸爸妈妈

一块儿玩儿，让你们的家变得更好！”

- 对于这个缺乏“玩”基因的家庭来说，需要帮助他们更深一步地理解玩。
- 超市寻宝的游戏，重点在于把铛铛设定成家庭的指挥官。
- 作为领导者，铛铛在完成任务的过程中需要思考，需要自信，需要做及时判断。
- 铛铛能完整流利地表达自己的观点，是一个值得信任的孩子。整个过程增加了铛铛在家庭中的价值。
- 看上去分散的辅导都是为了一个核心——帮助铛铛建立自我价值的认可，并且让自己的情绪得到回应。

画板的重要作用

送画板给这个家庭，超级育儿师兰海是有自己的想法的。爸爸工作很忙，每天早出晚归，和两个孩子缺乏交流，这个画板就可以作为爸爸和孩子们之间的留言板。工作较忙、平时陪伴孩子少的家庭也可以尝试这个方式，家长需要增加和孩子交流的各种渠道和机会。比如录音、视频、画画或者小纸条。**我们可以见不着孩子的面，但绝对不能让孩子收不到我们的信息。**

除了自己画画，铛铛还可以用这个画板教妹妹画画。兰海特别希望这个小小的画板能够成为这一家人沟通的好工具。

“我们现在就可以用画板了，铛铛，画你们全家吧。”

“好！”铛铛马上动笔，他先画了一个大大的房屋。翘翘也过来帮忙了，爸爸妈妈赶紧把她拉到一边，“妹妹先别画，看着哥哥画！”

妹妹不能画，心里一定很着急吧，铛铛很懂事，他给妹妹布置了任务：“妹妹，帮我拿个黑色。”

翘翘有事做了，她乖乖地站在哥哥身边，随时准备着给哥哥拿画笔。

铛铛做得真好，爸爸妈妈很高兴看到这样的画面。兰海表扬了铛铛，并且告诉爸爸妈妈，让妹妹配合哥哥做事的方式特别有利于兄妹间关系的修复。

“哥哥你要吗？”翘翘举着一支红彩笔问铛铛。

铛铛说：“我不要哦。”

就在这时，妹妹没有管住自己。“我来帮哥哥画——”她在画板上画了一道红线。

兰海笑着说：“铛铛，看看妹妹给你添了一个什么，又给你提高难度了。是不是？”

让所有大人都没有想到的是，铛铛居然停下来，表扬了翘翘：“妹妹，你画得很好！”

爸爸妈妈开心极了。铛铛太有哥哥样了！得到了哥哥的表扬，翘翘高兴地在一边跳来跳去，“妹妹穿花衣服！”

妈妈乐了：“铛铛，妹妹给你提要求了，她得穿花衣服。”

“没问题。”铛铛痛快地回答。他先把妹妹画的那条突兀的红线发展成一朵小红花，然后给大房子里的妹妹画上了漂亮的花衣服。

翘翘高兴得直拍手，她指着画板，天真地对大家说：“这是翘翘！”

看到妹妹这么开心，铛铛也很有成就感。

给妈妈做发卡

对这个家庭的辅导已经接近尾声。短短的几天里，这个家庭发生了很大的变化，这让兰海很欣慰。

妈妈是这个家里最辛苦的人。兰海布置了她离开前的最后一个任务：家里的两个男人要亲手制作一个礼物送给妈妈，以示对妈妈的理解和感谢。虽然兰海对妈妈的要求最高，妈妈要改正的内容最多，但是妈妈确实需要理解。她也非常辛苦，要面对工作，回家还要面对两个孩子，所以妈妈特别需要理解。

铛铛天真地问兰海："两个男人是我和爸爸吗？"

兰海笑着反问铛铛："你说你们家两个男人是谁？"

铛铛也笑了："我和爸爸。"

"对。我们看到妈妈有一头非常漂亮的长发。我希望爸爸和铛铛一起给妈妈做一个发卡，戴在妈妈的头上。好吗？"

爸爸和铛铛开始行动。爸爸做剪裁工作，铛铛做粘贴工作，两个人配合默契，很快就做好了一个墨绿色的蝴蝶形状的发卡。发卡很漂亮。这是爸爸和铛铛亲手制作的发卡，意义重大，妈妈很喜欢这个发卡。她让铛铛帮自己戴在了头上，爸爸还拍照留念。

翘翘开心地拍手，奶声奶气地表扬妈妈："非常漂亮。"

哈哈哈哈，爸爸、妈妈、兰海、铛铛全都笑了，屋子里洋溢着欢乐的气氛。这一切让妈妈好感动，她的眼圈微微有点红。这个细节被爸爸捕捉到了，爸爸紧紧攥住了妈妈的手。

最后，爸爸把妈妈、铛铛、翘翘都抱在了怀里。兰海用相机记录下了这精彩的瞬间。

一个家庭中，妈妈的快乐是影响全家人情绪的关键因素。最后，爸爸和儿子共同制作一个发卡送给她，不仅让多日接受挑战的妈妈感到欣慰，也让她知道自己所做的一切丈夫和儿子都记在心里。

爱是一种本能，而很多时候，爱还需要表达。特别对于长期情感封闭的中国家庭来说，学会表达爱，适应爱的表达，也是一门功课。

临别前，兰海表达了她对这个家庭的祝愿："真心希望我教给你们的这些方法能够帮助你们更好地进步，也希望你们能够坚持下去，让你们的家变得越来越好。"

兰海总结

有一种错过，会让父母遗憾终生

二十世纪八十年代，美国警方发现一个被父亲关在小屋子里不与外界接触的十二岁女孩。当地的救助机构把小女孩交给一位心理学家调理。但是在长达一年的学习之后，小女孩还是无法用完整的语言来表达自己，她只能说简单的字或词。出现这种结果的原因是负责语言的大脑已经错过了关键期的联结，随着大脑的成长，这种联结就很难发生，孩子的语言系统就无法健全。

“这个不着急，等他长大就会了。”很多父母都会说这句习惯句式。那么六岁以前有什么是不能错过的?

这不能错过的成长内容肯定不是写字、算术或英语，而是那些我们看不见的却能影响终生的内容。

三岁的丢丢和五岁的铛铛都属于不会表达自己情绪的孩子。他们用尖叫和激烈的身体语言来表达自己的情绪。不过，丢丢还有很多机会，而铛铛已经失去了一些。有一种错过，会让我们遗憾终生。

因为我能理解铛铛每次的大叫和跺脚。由于生活环境的变化，在铛铛需要学习情绪表达的关键时期，家庭转换生活地点，三岁多的孩子还没有适应新环境就去了幼儿园。由于语言不通，铛铛只能用尖叫让老师和别的小朋友明白他在害怕，他在拒绝，他在难过和愤怒。接下来的一年，妹妹出生了，父母的注意力又转到了妹妹身上。父母没有时间教铛铛应该怎么做，所以，铛铛只会用尖叫来表达自己，因为周围的人能“听懂”。

当我第一次看见丢丢这个大发脾气的孩子，我似乎看到了三岁的铛铛。不过，丢丢的问题不是没人教，而是有一个不合格的示范对象——不会控制情绪的妈妈。父母是孩子的第一任老师，因为每个人的学习都是从模仿开始。也许父母没有意识在教，但是行为已经被孩子看在眼里。孩子们的语言、行为方式都是在模仿身边的成年人。

这不是铛铛的错，甚至不是父母的错。因为我们对个人成长缺乏基本的科学认知。

情绪管理是人最重要的一课，可以说，它几乎决定了我们是否能够感受幸福。那我们从什么时候开始感受情绪？又是从什么时候开始学习情绪表达的呢？在我们来到这个世界的时候，天生就会感受他人的情绪了。

人的左脑负责逻辑和语言，而右脑是负责肢体运动和面部表情。三岁以前主要是右脑的发展，所以就不难理解孩子会通过识别对方的表情和音调来接收信息，当他们不懂语言和逻辑的时候。我们笑着逗孩子，他们就乐；我们语气一凶，孩子就会被吓哭。

如何帮助孩子学会情绪表达呢？

首先，需要让孩子知道每个人都有情绪。我们承认孩子的情绪，并接受它。当孩子生气和愤怒的时候，我们需要像接纳“开心”情绪时一样接纳它。

其次，情绪是需要表达出来的，需要找对方法。当我们发现孩子有情绪的时候，我们可以询问他们的心情和想法。帮助孩子找到疏导自己情绪的方法，例如音乐和画画都可以作为孩子释放情绪的出口。我们接纳孩子的情绪，但是要教会他们用合适的方法来释放情绪。

最后，父母的示范是最好的教材。当你有情绪，不管是正面还是负面，都表达出来。快乐的时候和家人分享，生气的时候用语言表达出来并用积极的方法释放情绪。这些都是在做自己，也是在教孩子。

不难看出，只有当我们学会如何更好地表达自己的情绪时，我们才能让孩子跟着学习。所以，孩子的到来给我们提供了第二次成长的机会。

除了情绪表达，获取安全感、激发好奇心和启蒙规则意识，也是六岁以前的孩子最重要的学习内容。当然，以上四项的获得可以通过多种形式，既能通过游戏和绘本阅读获得，也能通过写字算术获得。但，记住，写字算术不是目的，仅仅是获取以上四项的方式。所以，“写字课程”如果能够帮助孩子学会情绪表达和规则意识，我欢迎，但如果只是靠死记硬背和压迫式学习手段的“写字课程”是我绝对不接受的。

我们说“等待”孩子的成长，实际上等待的就是个人成长中需要慢慢长的部分。孩子们不是大棚里的蔬菜、瓜果需要催熟，更不是反季节水果需要逆向而长。

孩子的成长需要顺应人作为生物的自然成长规律，只有当我们了解个体发展的科学规律，我们才能知道在不同的发展阶段，对于孩子来说最不能错过的发展是什么。

教育是一门科学，不能仅凭经验，也不能一时冲动或者跟风。只有掌握了个人成长规律，在众多教育观点和方法充斥着我们生活的今天，父母才能拨开重重迷雾，找到正确的方向。

育儿小问答答案

A和B。最初阶段，父母应该随时关注孩子的正面情绪和负面情绪。并且需要提前教会孩子和陌生人交流的方法并加以练习。

兰海解析：父母不但需要教会孩子和陌生人交流的方法，更重要的是要关注孩子进入新环境之后的状态。适应新环境是父母和孩子需要共同完成的任务。父母不但需要教给孩子适应的方法，更重要的是需要随时关注孩子适应的状况，并给予及时的调整。

爱的度量衡

浙江宝宝毛豆聪明可爱，是爸爸妈妈的宝贝。爸爸给毛豆买的玩具堆成了小山，妈妈把照顾毛豆当成一种享受。

毛豆有几个问题让爸爸妈妈很担心：毛豆的专注度很差，家里的每个玩具只玩几分钟就换一个。毛豆的自理能力也有待提高，他不会自己起床，不会自己洗脸，吃饭也要靠大人来帮忙。

如何解决毛豆的问题，焦急的爸爸妈妈向超级育儿师发出了紧急求助。

育儿小问答

父母没有足够的时间陪伴孩子怎么办?

A. 安排家里阿姨陪伴。

B. 父母需要提高陪伴质量。

C. 随着孩子逐渐长大，他们不需要父母的陪伴了。

毛豆的世界好纷乱

超级育儿师兰海火速来到了毛豆的家。

兰海的到来让妈妈看到了希望。妈妈是这个家里最宠毛豆的人，她整天围着毛豆转，完全没有自己的私人空间。随着毛豆一天天长大，她也觉得这样下去肯定不行。所以她特别希望，超级育儿师能有好方法解决毛豆的各种问题。

爸爸跟妈妈的初衷是一样的。毛豆的问题困扰他也不是一天两天了。可是这个超级育儿师看起来好年轻啊，会不会缺乏经验？爸爸有点儿担忧。

爸爸妈妈的想法是兰海在辅导之初经常遇到的：要么对她寄托全部希望，要么对她产生一定怀疑。兰海才不在乎这些，现在她最关心的是自己能不能通过细致观察找到毛豆问题背后的真正原因。

纷乱的“玩具王国”

兰海的观察从进门的那一刻就已经开始了。

毛豆的家给兰海的第一印象是一个装满玩具的大仓库。兰海从来没在哪个小朋友家里见到过这么多的玩具，沙发上、地上、桌子上、电视柜上、角落里，只要能放东西的地方都堆满了花花绿绿、大大小小的玩具。不仅如此，这个家的每一扇门上都贴满了五颜六色的贴片，连毛豆的床头也贴得满满的。

兰海不禁感叹，**毛豆的世界真是太纷乱了。**在这样的环境中，三岁的毛豆怎么可能专注于一件事情呢？

毛豆起床了，他一出卧室就进入了玩具的世界。还没洗脸刷牙，毛豆就开始玩玩具了。只是这么多的玩具，该玩哪个呢？毛豆也不知如何选择。那就每个玩一会儿吧。

爸爸妈妈叫毛豆去洗脸刷牙，毛豆抱着几个玩具就去了。“呀，抱着这么多玩具。”妈妈说。可是毛豆不舍得放下，那就抱着吧。反正洗脸也是妈妈代劳，

这么多的玩具，该玩哪个呢？毛豆也不知如何选择，那就每个玩一会儿吧

毛豆自己洗妈妈也不放心。

洗完脸还要抹香香，毛豆最烦这个了。可是今天抱着玩具，他躲不开妈妈，只好老老实实让妈妈给抹上了香香。妈妈很满意，今天洗漱进行得还比较顺利，毛豆没太折腾。

该吃早饭了。为了配合兰海的观察，爸爸妈妈让毛豆在客厅的茶几上吃饭。可是，茶几上堆满了玩具，根本没有空地放下毛豆的碗。爸爸妈妈赶紧清理茶几，毛豆穿过身边玩具的“丛林”去搬一个小凳子来坐。可以用来走路的空间太窄了，两边的玩具又太多，老是绊着毛豆，害得毛豆差点摔跤。有超级育儿师在旁边看着，毛豆有点不好意思。

终于在茶几旁坐定，毛豆开始吃早饭，爸爸妈妈一左一右在毛豆身边照顾他。其实毛豆今天的早饭就是牛奶里面加了点小饼干。小饼干已经泡得很软了，毛豆自己端起碗来喝很快就可以搞定的。可是忙活了半天，煮好的奶已经有点凉了，妈妈就端起碗一勺一勺来喂毛豆。这正好帮毛豆腾出了两只手，毛豆一边喝着奶，一边玩玩具。爸爸看着毛豆吃饭，他时不时督促毛豆快点吃，却没有让毛豆停止玩玩具。

在教育毛豆的问题上，爸爸一直有一个观点，毛豆只要快乐成长就可以了，其他都是不重要的。可毛豆总是同时干几件事情，这对毛豆注意力的发展没有任何好处。只可惜，毛豆的爸爸妈妈不明白这一点。

爸爸打了毛豆

毛豆在这个家里是“老大”，什么都是他说了算，爸爸、妈妈、奶奶都听他的。可是有时候毛豆也会有点儿怕爸爸，比如他犯了错误的时候。

吃过早饭，毛豆在客厅里玩玩具。毛豆玩什么都可以，爸爸妈妈从不干涉毛豆的选择，他们还会陪毛豆一起玩。

毛豆戴上了拳击手套，爸爸准备好了盾牌。一场“大战”开始了。毛豆冲上去，对着爸爸的盾牌发起了迅猛的攻击，爸爸招架不住，落荒而逃。毛豆乘胜追击，把爸爸打得落花流水。

没一会儿，毛豆玩腻了，他把拳击手套扔到了地上。爸爸理解毛豆的感受，他没有批评毛豆，帮着毛豆把拳击手套捡起来收好。

毛豆从玩具堆里抽出了一把塑料宝剑，就玩它吧。他挥舞着宝剑，嘴里还喊着："嗨！哈！"

"当心点，不要打到人哦！"爸爸在一旁提醒毛豆。只要毛豆喜欢玩，爸爸都是支持的，他也愿意陪毛豆一起玩。

爸爸也找到一把宝剑，"咱们俩对打吧！但是你不能打到我身上，你要打到我，我也打你。"

毛豆自己玩得正起劲儿，听见爸爸说要跟自己一块儿玩，还提了一堆要求。爸爸真麻烦，毛豆才不要跟他玩。毛豆挥舞着宝剑冲到爸爸跟前，用宝剑打爸爸的屁股，"你走吧！你走吧！"一边打还一边推爸爸。

"痛不痛啊！"爸爸一下子就怒了，他把毛豆拉到角落里，用粗糙的大手在毛豆嫩嫩的小脸蛋上狠狠拍了一下。他要让毛豆尝尝被打疼的滋味。

"哇——"毛豆很疼，他一下子就委屈地哭起来，跑到了妈妈的怀里。

看到毛豆哭，爸爸也很心疼："我警告过你的，谁让你不听？"

孩子不听，家长就用武力解决问题吗？原本只是一个可以用语言解决的小问题，爸爸竟然大动干戈，实在太不应该了。兰海越来越发现，在这个家庭里，毛豆的问题不是孤立的，家长在教育方法上存在着更为严重的问题。

妈妈离不开毛豆

在这个家里，毛豆最喜欢妈妈，妈妈什么都顺着毛豆，从来没跟毛豆发过脾气。妈妈呢，她几乎时时刻刻都守在毛豆身边，为毛豆提供一切帮助。

毛豆早上起来，妈妈给他穿衣、洗脸。照顾小孩子是一件很麻烦的事情，可是兰海从妈妈脸上看到的是陶醉的神情。兰海猜测，妈妈很享受跟毛豆在一起被毛豆需要的感觉。

毛豆吃早饭的时候，妈妈一直在毛豆身边，一刻不停地关注着毛豆。

怕毛豆吃到身上，“妈妈来喂你吧。”为了督促毛豆专心吃饭，“我们俩来比一比，看看谁喝得快。”“我们俩看看谁喝得多，肯定是我喝的比你多。”“哎呀，你超过我了。”“哎呀，你喝得真快。”……

妈妈的话，毛豆很少回复。妈妈也不在乎，自顾自地接着说。这让兰海感觉，妈妈很像毛豆的一个小随从。

桌上放着三个玩具，毛豆不知道玩哪个。妈妈喋喋不休地问：“那你现在想做什么呢？你想做什么呢？你现在想做什么呢？”

连着问了三遍，毛豆都没理妈妈。妈妈觉得自己是在引导毛豆，她不泄气，又接着问：“这有三个玩具，你想玩哪一个呢？”

语言是用来交流的，可是妈妈的话没有得到毛豆的回应，变成了自言自语。

这么大的孩子完全可以自己玩一会儿的，妈妈总是抱怨毛豆缠着他们，可是兰海看到的正好相反，是妈妈自己守在毛豆的身边，并且希望毛豆能够感受到她的陪伴。

兰海有一种感觉，妈妈把毛豆当成了自己的宠物，而不是一个正在发展中的孩子。

三个人伺候毛豆洗澡

这一天的观察当中，兰海看到最多的一个场景就是：爸爸、妈妈、奶奶三个大人围着毛豆转，无微不至地照顾毛豆。

吃午饭了。妈妈喂毛豆吃饭，毛豆不好好吃。爸爸喂，毛豆又不愿意。怎么办？三个大人一齐上阵。爸爸监督，奶奶夹菜，妈妈喂。这样，毛豆才顺利吃完了饭。

毛豆在屋子里开小车，小车撞到沙发上动不了了，爸爸来帮他搬开。开了没一会儿，又撞到了柜子上，爸爸不管了，“你自己下来挪一下不就好了？”毛豆不挪，他扯着脖子大声喊妈妈。妈妈赶紧过来帮他挪好。小车没电了，开不动了。奶奶让毛豆把好方向盘，她把小车推到角落里放好。

兰海感觉，这个家庭就是三个仆人在服侍一个主人。

时间很快到了晚上。毛豆要洗澡了，怕毛豆感冒，爸爸妈妈先给毛豆洗头。

毛豆最不喜欢洗头了，他会被爸爸仰面朝天地抱着，一动不能动。奶奶已经准备好了热水，妈妈催爸爸：“把毛豆抱过来，快点快点！”那口气好像要打一场“战争”了。

果真如此。毛豆想拖延，可是爸爸紧紧抱住了他，妈妈赶紧把一条干毛巾围在毛豆的脖子上。爸爸把毛豆抱到水池旁，妈妈开始给他洗头。妈妈的动作很快，把头发弄湿，倒洗发水，轻轻揉搓，再冲干净泡沫。整个过程中，毛豆不停地挣扎大喊：“好了没有。快一点！你们两个大坏蛋！”

洗完了头，爸爸又赶紧给毛豆脱衣服。奶奶已经在浴室里等着毛豆了。一切都紧张有序。只是毛豆的喊叫声让气氛有些混乱。“水烫！”“我冷！”“我要嘘嘘！”……

终于洗完了，爸爸像裹粽子似的把毛豆裹好，然后迅速地抱到卧室的大床上，奶奶紧随其后。接下来，爸爸按住毛豆不让他乱踢腾，奶奶给毛豆穿秋衣秋裤，妈妈给毛豆抹香香。“自己擦——”毛豆大声喊。可是大人们都各忙各的，没人理睬他的呼声。

三个大人服侍一个孩子，是这个家里最大的问题。看着三个手忙脚乱的大人，兰海的思路越来越清晰了。

◆这是一个非常有代表性的家庭，父母高举着“自由”的旗号，但实际上却错失了帮助孩子获得真正自由的机会。

◆当自由超过了孩子能控制的范围，那么这种自由就是灾难。

◆乱糟糟的家庭环境，破坏了毛豆在敏感期对于秩序的渴求。而语言过于啰唆的妈妈根本无法让毛豆重视真正的要求。

◆对个体成长规律不了解的父母，正在用自己的“爱”破坏孩子的成长机会。他们一边希望毛豆能够独立，却不给毛豆提供独立的机会，因为他们内心非常享受孩子对自己的依赖，因为他们害怕孩子不再需要自己。

◆对于这个家庭，我需要让父母认识到自己的私心，大力改变家里的物理环境，重新唤醒毛豆内心想要独立的意识，并且让父母学习什么是给孩子独立的机会。

毛豆的第一次

通过观察，超级育儿师兰海对这个家庭有了充分的了解。

她已经找到了毛豆问题背后的真正原因。由于爸爸妈妈缺乏对毛豆生活自理能力的重视，他们对毛豆的生活大包大揽。而这恰恰阻碍了毛豆的正常发展。

是时候给爸爸妈妈指出问题的根本所在了。

过多的玩具影响毛豆的专注力

兰海先召开了爸爸妈妈参加的家庭会议。

在这个家庭中，爸爸妈妈对毛豆的发展是非常上心的，给毛豆买这么多玩具，不仅仅是宠爱毛豆，更传达了他们的美好愿望：毛豆能通过这些种类繁多的玩具在各方面获得很好的发展。只是事实并没有按照他们预想的方向发展。兰海必须要让他们明白，问题到底出在了哪里。

“你们怎么看待，你们总是给毛豆买一些重复的玩具？”会议一开始，兰海就针对玩具提出了这个问题。在昨天的观察中，兰海发现毛豆家的玩具数量很多，但是从功能上看重复现象很严重。比如毛豆有七辆他能开动的小车，有五个他可以坐的小凳子。

爸爸提出了质疑："我不认为玩具是重复的，每一种玩具设计出来都有它独特的道理，虽然都是能开的小车，但是操作方式完全不同。"

"我承认不同玩具对于孩子的发展、帮助、价值是不一样的。"兰海表示了对爸爸观点的认同，接着她强调了更为重要的一点，"但是同时出现这么多的玩具，你们必须要知道，这个会有碍于毛豆注意力的发展，而且这是有目共睹的。"

是啊，现在毛豆玩任何一个玩具的时间都超不过两分钟。纷乱的玩具世界已经影响了毛豆注意力和专注度的发展，自己竟然浑然不觉。爸爸不说话了，他在反思自己。

毛豆需要更博大的爱

在玩具的问题上达成了共识，兰海马上转入下一个问题。

家庭中存在着三种需要，**孩子的需要、父母的需要、孩子成长的需要。**前两种需要是个体的主观感受，而第三种需要才是一种理性需要。在这个家里，充斥着第一种需要和第二种需要，唯一缺失的是最重要的第三种需要。

"我在你们家看到最多的一个画面是，三个大人围着毛豆一个人。很多时候，毛豆还没有用语言表达出他的需要，你们就已经去满足他了。"

妈妈觉得这可能是大人们宠毛豆已经成为一种习惯。爸爸是考虑到毛豆太闹会影响到隔壁邻居的休息问题。

兰海毫不客气地否定了他们的说辞："影响隔壁邻居代表你们很宠他吗？宠的是你们自己吧。你们是害怕邻居来说你们做得不好吧？你们在满足自己的需要，而这是以牺牲毛豆的成长需要为代价的。"

兰海的话让爸爸妈妈有点汗颜。兰海没有给他们喘息的机会，继续指出妈妈的问题。

昨天的观察中，妈妈的言行给了兰海很强烈的感觉，妈妈对毛豆的需要，已经超过毛豆对妈妈的需要。妈妈的内心非常渴望毛豆依赖自己，而当毛豆不再需要妈妈时，兰海从妈妈的神情中读到了妈妈的失落。

其实对于每个家庭来说，替代孩子去做事情大都缘于三种原因：一是图省事，大人帮忙可以省去教孩子的麻烦。二是情感纽带，父母割舍不了对孩子的情感，心甘情愿地替孩子做。三是**孩子真正独立后，父母承受不了不再被需要的巨大失落感**。妈妈的原因是第二种和第三种，爸爸是第一种。

“你们的爱太自私了。毛豆需要的是一种更博大的爱，而不是这种满足你们内心需要的爱。”

对于三岁的孩子，吃饭、穿衣、洗漱是他必须要去学会的。兰海不认为毛豆没有能力做，而是这个家根本没有给毛豆机会做。现在的教育中非常提倡挫折教育，挫折在哪里？其实就在孩子的日常生活中。但是爸爸妈妈屏蔽了这些东西，却又希望毛豆能变得很坚强。

兰海的分析无懈可击，爸爸妈妈被点醒的同时，油然而生的是对毛豆的歉疚之情。想到自己的爱其实阻碍了毛豆的成长，妈妈难过得流泪了。

家庭会议结束了，爸爸妈妈的心情都有些沉重，尤其是妈妈。她当初只想着兰海是不是可以完全解决毛豆的各种问题，却没有想到，原来问题竟然出在自己身上。

 “毛豆自己做！”

充满希望的辅导开始了！第一步，要让毛豆明白自己需要做哪些事情。

兰海设计了一个很大的表格，题目叫“毛豆自己做”。这个表格需要全家人一起来填写。

对于三岁这个年龄段的孩子，他们可以独立地洗脸、刷牙，可以穿简单的衣服，但是这些毛豆却没有做到。这个表格还有更重要的一个目的，就是让爸爸妈妈明白，毛豆现在的成长需要是什么，他们不能再把毛豆当成自己的宠物来养了。

表格在哪儿填呢？茶几上还堆着毛豆的玩具，爸爸妈妈赶紧收拾茶几。兰海说：“来，毛豆，我们一块儿收拾。”

茶几收拾好了。兰海请妈妈在表格上填好毛豆需要做的五件事情：自己穿衣服，自己刷牙，自己洗脸，自己吃饭，自己整理玩具。毛豆还不认字呢。兰海在表格上对应的位置贴了五张卡片，卡片上分别画着衣服、牙刷、毛巾、米饭和玩具。看到卡片，毛豆就明白自己能做什么了。

整个过程中，毛豆一直笑呵呵的，兴致很高。表格填完了，他指着表格上的衣服图片说：“毛豆自己穿衣服！”

“哇，毛豆可以说一句完整的话，特别棒！”兰海大大表扬了毛豆。

毛豆很开心：“然后能自己刷牙，自己洗脸，自己吃饭，自己收拾玩具！”毛豆居然一口气把表格的内容全说了出来。“好棒！”爸爸妈妈激动地给毛豆鼓起了掌。

兰海还给毛豆准备了一些漂亮的小贴片。毛豆每做到一次，就可以奖励一片贴在表格上。兰海对爸爸妈妈也提出了要求：“你们可以教他怎么做，也可以在他做不到的时候帮他做，但就是不能代替他做。”

兰海问毛豆：“毛豆，如果爸爸妈妈要替你做这些事，你要说什么？”

毛豆回答：“我说谢谢！”呵呵，大家都笑了。

兰海说：“你要说，让我自己做！好吗？”毛豆用力地点头。

妈妈握着毛豆的手在表格上签上了毛豆的名字，爸爸把表格贴在了墙上醒目的位置。兰海希望这个表格能提醒家里的每一个人，去做自己应该做的事情。

妈妈也暗下决心，一定要尽最大的努力去克制自己，把以前的旧习惯改掉。就像兰海说的，如果爱孩子，就把自己的需要放下吧。从现在开始，去关注孩子的成长需要。

兰海解读

◆这个家庭的独立需要从毛豆的变化开始，而对于固执的爸爸来说，他需要看到孩子的变化才能心甘情愿地改变。

◆“自己做”的改变满足了隐藏在毛豆内心对独立的渴望。同时，也让父母不要侵入毛豆的“独立世界”。

◆用“记录好行为”的方式帮助毛豆对自己进行判断，并且激励好行为。

◆很多时候，父母会误读孩子的行为，认为孩子是不愿意自己做，但事实是父母更渴望孩子不愿意自己做，这样自己就有机会替代孩子做，从而满足父母内心被需要、被依赖的感受。

艰难的第一次穿衣

很多事情说起来容易，做起来难。毛豆以前被爸爸妈妈宠惯了，还没有养成自己做事情的习惯。真到了让他自己做的时候，毛豆能顺利完成吗？妈妈有点担心。

早上，毛豆要起床了，妈妈让他自己穿衣服。他哼唧着要哭：“我穿不进去。”妈妈让毛豆试一下，可是毛豆在床上滚过来滚过去，就是不起身穿衣服。

太耽误时间了。兰海给妈妈做示范。

“毛豆起来了。一二三起床！快！睡衣脱掉！拉链！袖子！”兰海的声音铿锵有力，用词简短有节奏感，再配合手上的动作，一下子就把毛豆带入了一种运动状态。

毛豆钻出了被窝，按照兰海的口令脱睡衣。可是有一只袖子不容易脱下来，毛豆委屈地趴在妈妈身上哭。妈妈想劝毛豆，兰海不让妈妈说话。“你就抱着他，不用说话。”很多时候，**当孩子在释放一些情绪的时候，大人的语言对于他**

来说是一种干扰，当他冷静以后，他知道自己要干什么。

的确如此，毛豆在妈妈怀里赖了一会儿，情绪很快稳定下来。

兰海一边引导着毛豆怎么穿衣服，一边跟毛豆交流："毛豆，今天我和妈妈一块儿教你怎么穿衣服。明天就要自己穿了。好不好？"

"好的。"毛豆回答。兰海还跟毛豆拉钩约定。

接下来毛豆心情舒畅多了，他在妈妈的帮助下，一点一点地穿好了衣服。他受到了兰海和妈妈的表扬。兰海还奖励了毛豆一个漂亮的小贴片，毛豆很有成就感。

今天是毛豆第一次尝试自己穿衣服，虽然过程很曲折，但是这已经让妈妈感到很惊喜了。妈妈希望以后毛豆每天都能像今天一样，或者说做得更好。

有了自己穿衣服的铺垫，毛豆自己洗脸就顺畅多了。只是家里的洗脸毛巾太

毛豆第一次自己刷牙洗脸

大了，毛豆根本拧不动。妈妈帮着毛豆拧好了毛巾，毛豆自己擦了脸，还主动抹了香香。

毛豆让妈妈把装香香的瓶子盖盖好，妈妈接过瓶子正准备做，突然意识到这应该是毛豆自己做的事情，她又把瓶子还给了毛豆：“你可以自己盖的。”

这是妈妈的进步，兰海冲妈妈竖起了大拇指。

今天的尝试让妈妈有很多感触。以后她要更多地让毛豆去做他可以完成的事情。以前自己包办了太多，可是从来没有人跟自己说过这其实也是一种自私。真是多亏了兰海把自己点醒，妈妈对兰海充满了感激之情。

秩序的敏感期

兰海的辅导已经初见成效。这让爸爸妈妈对自己、对毛豆都充满了信心。

现在爸爸妈妈都变成了勤奋好学的学生。他们迫切希望能跟兰海学到更多的技巧和方法。

三个句式的力量

通过进一步观察，兰海发现，和这个家庭的物理环境混乱一样，毛豆家的语言环境也很杂乱。爸爸妈妈说话都喜欢重复，看上去是说道理，但实际上这些道理毛豆早就明白，他需要的是父母坚定的态度和简单明了的语言。而妈妈永远用商量的语气，爸爸则喜欢用警告的方式，这都是不可取的。

如何让自己的语言变得有力量？兰海让爸爸妈妈把握住两点：语气要温和，但态度要坚定。

配合这两点，兰海还教给爸爸妈妈三个常用句式。

一是：**你现在需要做什么。**这个句式很正式，可以用来给毛豆提要求。

二是：**我知道你现在的感受，但是你现在需要做什么。**只有去尊重孩子的感受，他才有可能听进家长的要求。

三是：**你可以选择做什么，或者做什么，但是你现在必须做什么。**这个句式里给孩子提供了几个选择，会让他感觉并没有被剥夺一些东西。

三个小小的句式，配合合适的语气和态度，就会有强大的力量。为了熟练掌握这三个句式，兰海让爸爸妈妈针对每一个句式都做了情景练习。

比如第一个句式，兰海提供了一个场景：毛豆现在需要洗澡了，但是他在看电视。妈妈先来练习。她把爸爸当成毛豆，温和而坚定地说："毛豆，你现在需要洗澡。"

没有犹豫，没有选择，一个明确的指令，让孩子明白他必须要做的事情。夫妻俩觉得这个句式特别实用，非常好。

第三个句式有点复杂，妈妈和爸爸都没有尝试成功。两个人相互鼓励着，互相把对方当作毛豆，设想着各种场景，终于达到了能够轻松运用的程度。

他们的努力让兰海有些感慨。绝大多数父母都很想正确地爱孩子，只是他们有时候不知道自己犯了错误。只要指出来，为了孩子，父母们都愿意做出任何改变。

毛豆的玩具有了"新家"

注意力集中是父母需要特别关注的问题，也是毛豆需要提高的地方。但是他们并不知道，自己家里随处乱放的物品，众多重复的玩具都是造成毛豆注意力分散的原因。这种混乱还会影响毛豆在敏感期对秩序感建立的需要。

为此，兰海给全家人布置了一个任务：一起整理毛豆的玩具。让毛豆的生活环境变得有规律和有次序，并且把改造的过程变成毛豆学习的机会。

这个任务有个好听的名字叫"家庭能手"。兰海还准备了四个很大的收纳箱和三个漂亮的任务标志贴片。“你们需要自己讨论每个箱子里放什么样的玩具，然后把它整理好。”

毛豆兴致勃勃地给爸爸妈妈和自己都贴上了任务标志：一张漂亮的手形小贴片。爸爸给四个箱子编上了号，然后跟妈妈、毛豆商量好每一个箱子里放什么玩具。

一号箱放木质玩具。毛豆把一盒积木放了进去。妈妈拿着一辆小车问毛豆：“这个可以放一号箱吗？”毛豆仔细看了看说：“这不是木头做的，这是塑料的！”

二号箱放电子玩具。毛豆把他的电动小汽车都拿了过来。爸爸想把一个机器人玩具放到三号箱，三号箱里装的都是塑料玩具。毛豆赶紧说：“这个机器人是装电池的，放二号箱！”

毛豆真能干，爸爸妈妈心里这叫一个美啊。可是，毛豆看见了自己喜欢的小风琴，他拉起了小风琴，完全忘了还有任务要完成。

“毛豆，快过来，收拾完了再玩。”爸爸妈妈喊他，他都假装听不见。这可怎么办？兰海没有出面，她要看看爸爸妈妈怎么处理这种情况。

妈妈想了想，对毛豆说：“毛豆，我知道你很想玩这个玩具，可是你现在需要跟我们一起整理玩具。”兰海教的句式派上了用场。

毛豆觉得妈妈说得有道理。关键是他从妈妈的态度中感受到了妈妈的坚持。好吧，一会儿再玩吧。他放下了手中的玩具，重新加入整理玩具的队伍中来。

兰海满意地笑了，她冲妈妈和毛豆都竖起了大拇指。

紧张忙碌的工作后，一屋子杂乱的玩具都被放进了收纳箱。客厅里一下子变得干净又整齐。毛豆玩的空间也开阔了。他围着茶几跑来跑去，再也不用怕会被玩具绊到了。

“这四个收纳箱对于我们家来说，真是神物啊。”妈妈兴奋地说。

培养毛豆的时间观念

这个家里的所有人都没有时间观念，在这个家里找不到一个闹钟。

兰海让爸爸买一个闹钟，希望他们能通过这个闹钟帮毛豆建立起时间观念。一个没有时间观念的孩子，他是不可能独立的。

说到做到，爸爸很快把一个大大的闹钟抱回了家。这个闹钟很大，很漂亮：浅蓝色的表盘，白色的指针，银色闪光的外壳。毛豆很喜欢这个新鲜玩意儿，一个劲儿盯着看。

闹钟发出嘀嗒嘀嗒的脆响，其中还有一根长长的指针跑得很快。妈妈告诉毛豆，这是秒针，秒针走一下，闹钟就嘀嗒一下。真神奇啊，毛豆的眼睛里闪现出好奇的光芒。

“你知道五分钟有多长吗？就是这根针从八跑到九的时间。”妈妈问毛豆。

毛豆回答：“有十下吧。”

妈妈以前总是用手机看时间，从来没有带毛豆看过钟表。这一课必须得给毛豆补上。她告诉毛豆，五分钟的时间，秒针要跑五圈儿呢。

五分钟到底有多长？为了帮毛豆形成感性印象，兰海让妈妈和毛豆进行了一个比赛，叫作“五分钟考验”。毛豆可以玩五分钟玩具，妈妈可以做五分钟事情，谁也不要打扰谁。五分钟后，都来兰海这边报到，击掌示意。

分针指到六的时候，比赛开始了。妈妈收拾客厅里零零碎碎的东西。毛豆呢，他舍不得离开闹钟，闹钟放在茶几上，他就围着茶几玩。他希望自己能够准确地把握时间。

“提醒一下两位比赛选手啊，你们可以随时过来看看时间过去多久了。”兰海说。

妈妈和毛豆都跑了过来。兰海告诉毛豆，分针指到七才是五分钟，现在分针还不到七呢。四分多钟的时候，毛豆又跑去看闹钟，分针差一点点就指到七了。毛豆不再玩了，他守着闹钟直到五分钟结束。

兰海跟毛豆击掌："时间到了，只有毛豆到了，毛豆取得了比赛的胜利！"

这次比赛让毛豆觉得五分钟还挺长。可是爸爸妈妈说毛豆喝奶经常用一个小时，那真是太长了。毛豆觉得以后喝奶五分钟就够了。

亲近大自然

毛豆生活在一个看上去安全，但封闭的世界。一个三岁的孩子需要探索世界，和他相伴的不应该只有玩具，而应该是阳光、花草和大自然的一切。在毛豆的生活中和户外接触的机会太少，他生活在一个狭小封闭，看上去物质丰富，实则精神匮乏的空间。爸爸妈妈渴望给予毛豆的安全，实际上是对他的伤害。兰海一直坚信，**大自然才是毛豆这个年龄段的孩子们真正需要的。**

阳光明媚的日子，兰海和爸爸妈妈一起带着毛豆去郊外玩。微风拂过毛豆的脸颊，四下是望不到边际的绿色，很多鸟儿在树上叽叽喳喳，还有几只蝴蝶飞过毛豆的身边，毛豆兴奋地大叫。他在草地上自由地跑来跑去，脸上泛着笑容，眼睛炯炯发亮。

三岁是一个孩子各个方面能力发展的关键期，比如口头语言表达和事物分类能力。兰海给一家人分配了新的任务：带毛豆寻找各种形状、颜色的树叶，并用完整的话来表达。

毛豆找到了一片红色树叶，妈妈引导着毛豆说出具体完整的一句话。"妈妈，我找到了一片红色的树叶。"毛豆还找到了一片打着卷儿的黄色树叶。毛豆很天真，他小声地告诉妈妈："妈妈，黄树叶累了，它睡着了。"

妈妈引导毛豆从颜色的角度观察树叶，爸爸则从形状的角度教毛豆认识不同的树叶。"毛豆，这个树叶是小手的形状，这是枫树叶。"毛豆找来一片心形的树叶，毛豆认识，"这是杨树叶！"妈妈还捡了两根松针回来，"这个像针一样的是松树叶，松树一年四季都是绿色的。"

"妈妈，圣诞树就是松树做成的，对吗？"毛豆问妈妈。"毛豆真聪明，你说对啦！”妈妈回答。

妈妈手中拎着一个包，“毛豆，妈妈有点累了，你帮妈妈拎一会儿吧。”毛豆接过包，递给了爸爸，“爸爸力气大，爸爸拎。”然后，自己又跑去找树叶了。

毛豆真是个小机灵鬼啊。看着毛豆快乐的背影，爸爸妈妈和兰海都笑了。

在大自然里，毛豆学到了很多家里学不到的东西，这让爸爸妈妈很感慨。玩具对孩子的成长和发展有很大帮助，但是仍然不能取代各种户外活动。爸爸妈妈决定，以后争取每个周末都要带毛豆去户外玩。

兰海解读

◆外出活动可以什么都不做，只是感受风，感受阳光。

◆我希望毛豆能够通过外出认识树叶，同时也让毛豆父母看到户外活动也是学习的一种方式。

◆孩子们小时候对色彩很敏感，所以根据树叶的颜色和形状让毛豆有目的地收集，也可以提高毛豆的专注力。

◆父母还可以做一些准备工作来扩展孩子的知识领域，从树叶到树木的种类，适合生长的气候和生长环境等。

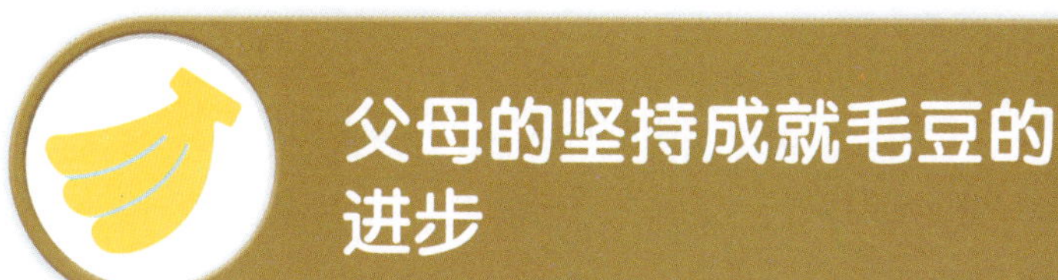

父母的坚持成就毛豆的进步

这段时间，在毛豆家发生了非常多的第一次。兰海希望爸爸妈妈意识到，只要他们愿意改变，这样的第一次也为时不晚。

按照惯例，兰海要离开一段时间，爸爸妈妈能不能经受住考验？兰海并不担心，成长是需要时间来自己面对的，孩子如此，大人也一样。

毛豆的进步很大

兰海回来了。她迫切地想要知道，这段时间这个家庭做得如何，从中找出需要改进和进行强化辅导的地方。

视频回放一：

“太阳眯眯笑，小朋友起得早。”妈妈叫毛豆起床了，“今天毛豆需要自己穿衣服。”可是不知是毛豆没睡醒，还是其他什么原因，毛豆心情不大好，他一直哭哭咧咧的。

两只小脚从裤子里钻不出来，妈妈还只是唠叨，并不帮忙，毛豆觉得好烦啊，他忍不住扑到妈妈怀里哭起来。**哭是孩子情绪的一种释放，**可是毛豆的哭声让妈妈心烦。“不许哭，忍住！”妈妈大声地呵斥了毛豆。

看到这里，兰海问妈妈：“毛豆为什么不许哭？”

妈妈回答：“毛豆不好好穿衣服，我一直忍着，他再哭，我会极度没有耐心。”

兰海敏锐地指出，妈妈被自己的情绪控制了，考虑自己的感受比较多，反而忽视了毛豆的感受。父母必须要知道，教会孩子自己做一件事情，说起来简单，做起来难。这个过程可能很烦琐，是特别考验大人耐心的。所以，爸爸妈妈一定要做好充分的心理准备。

视频回放二：

在妈妈的帮助下，毛豆终于穿好了衣服，他的心情好起来了。妈妈说：“去刷牙洗脸吧！”“你不要去了，就在门口等我吧。”毛豆这样答复妈妈。

毛豆自己刷牙洗脸，还抹了香香。整个过程中，妈妈除了简单的提醒，都没有帮毛豆做。

兰海点评这一段妈妈做得很好。“妈妈，看到毛豆自己做这些事情，心情怎样？”

妈妈说：“我很高兴。”爸爸也很高兴，孩子独立了，爸爸和妈妈就能有时间干自己的事情了，比如一起出去散散步什么的。

视频回放三：

毛豆要喝奶了。妈妈把闹钟拿来放到了茶几上，并且规定毛豆要在五分钟之内喝完。妈妈端来了自己的早饭，她要跟毛豆比赛，看谁先完成任务。

比赛开始了。毛豆一直微笑着，他有信心战胜妈妈。他一边加油喝奶，一边盯着闹钟。“1，2，3……”毛豆还数起了数。妈妈低着头，自顾自地喝着自己的稀饭。

“时间到！我喝完了！”五分钟到了，毛豆顺利地完成了任务。

毛豆做得越来越好了，兰海很满意这一段，有了这个闹钟，毛豆不需要大人的提醒，自己就开始掌控时间了。“当我们选择了正确的方法，并且去使用它，孩子的进步就会非常大。”兰海告诉爸爸妈妈。

视频回放四：

一家人坐在餐桌前吃晚饭。自己吃饭是毛豆的一个弱项，这比自己喝奶可难多了。

吃饭半天了，毛豆不断地说这说那，可是他的饭却吃得很少。

爸爸几次严肃地纠正他，让他好好吃饭。“我一定比爸爸吃得快！”毛豆也想好好吃饭，可是坚持不了一会儿，他又走神儿了。大人们都吃完饭了。餐桌上，只剩了毛豆一个人。

妈妈把闹钟放到了餐桌上。“它走得这么快，你要吃得比它更快。”在爸爸妈妈不断地提醒和鼓励下，毛豆终于自己吃完了饭。

兰海指出，尽管毛豆注意力集中的时间太短，但是比起以前，毛豆还是有了很大进步。他已经能够自己吃正餐了。

全家人一起创作一幅画

毛豆越来越独立了。自己起床、刷牙、洗脸、喝牛奶，生活比较有规律，家人的生活也跟着规律起来。只是毛豆还需要在注意力上再加把劲儿。

培养小朋友注意力的好方法是，安排一个有趣的动手任务。在完成任务的过程中，小朋友会慢慢养成集中注意力的好习惯。毛豆喜欢五彩缤纷的树叶，兰海让全家集体创作一幅树叶画。

一张大的绘画纸铺好了。树叶、剪刀、胶棒、彩笔也准备就绪，再想好树叶画的名字，就可以开工了。

“花港观鱼好不好？”妈妈想出了一个名字，爸爸和毛豆都赞同。一家人开始创作了。

爸爸选出黄色的柳树叶来当鱼的身体。水里的小鱼可不是只有一种颜色啊，

毛豆喜欢五彩缤纷的树叶，兰海让全家集体创作一幅树叶画。在这个有趣的动手任务中，帮助孩子养成集中注意力的好习惯

毛豆想画蓝色的小鱼。没有蓝色的树叶，妈妈帮他把黄色的树叶涂上蓝色。毛豆自己还给蓝色的小鱼画上了红色的尾巴。

没一会儿，大大的画纸上出现了很多漂亮的小鱼。各种形状、各种颜色的都有。为了显示出小鱼们在呼吸，爸爸还画了几个圆圆的圈儿。

树叶画快完工了，毛豆提议在水面上再贴上几只漂亮的小蝴蝶。毛豆说：“小蝴蝶喜欢跟小鱼玩儿。”

妈妈支持毛豆的提议，她帮着毛豆把几片大树叶剪成了蝴蝶的形状，毛豆自己给树叶涂上胶水，然后粘在了画纸上。

树叶画创作完了。看着自己和爸爸妈妈创作的树叶画，毛豆很快乐。整整二十分钟，毛豆都没有离开过这里。妈妈很高兴看到毛豆如此专注地做一件事情。

爸爸觉得创作树叶画这个方法真好，对毛豆的创造力、思维和色彩等方面的发展都大有好处。这比起孩子玩普通的不能变化的玩具效果要好多了。

◆户外活动中收集到的树叶也可以做延展使用。激发孩子的想象力，和孩子一起完成树叶画。

◆人人都是艺术家，我们需要鼓励孩子勇于表达自己的想法。创作是展示孩子创造力的最好方式。

◆需要特别注意的是，艺术作品的创作没有一定之规，更没有评价标准。所以，千万不要用成年人的固有思维去评价孩子们的作品。

兰海的礼物

短短的几天辅导，这个家的每一个人都有了很大的进步。兰海可以放心地离开了。

临走前，她送给毛豆一块儿童用的小毛巾，家里的那块太大了。毛豆拿着小毛巾，心里很喜欢。这是毛豆自己的小毛巾哦，下次洗脸，就不用妈妈帮忙拧干毛巾了，毛豆可以独立洗脸了。

兰海也给爸爸妈妈准备了礼物，一个精美的笔记本。这段时间里，毛豆拥有了他人生当中非常多的第一次，兰海希望父母能够把这些记录下来，成为非常美好的一段记忆。

妈妈很感动。她翻开笔记本，认真地在扉页上写了一句话：天下没有教不好的孩子，只有不会教的父母。这是妈妈这些天来最深切的体会。

毛豆凑了过来，妈妈说：“来，毛豆，妈妈教你怎么写。”妈妈握着毛豆的小手在笔记本上写了几个字，她边写边念：“毛豆的第一次。”

毛豆很开心，他看着妈妈：“妈妈，我以后自己做事情。”

“毛豆真棒。”爸爸和兰海给毛豆鼓起了掌。

爸爸的感受也很多，教育孩子，关键看父母能不能坚持住。育儿师兰海教给他们的方法，必须长时间地坚持使用，才会收到很好的效果。对此，爸爸有信心。

兰海总结

爱，需要把自己放下

“我做的每一件事都是为了他！”当我们一遍遍在说这句话的时候，是为了说服孩子，还是为了让自己相信？

行为都是为了满足某种需要而产生的。那么，我们对待孩子的每一种行为背后都在满足什么需要呢？

家庭教育中，我把需要分成三种：孩子的需要，父母的需要，孩子成长的需要。前两种需要是个体的内心感受，而孩子成长的需要则是客观冷静分析后的理性需要。当这三种需要能够达成一致时，孩子和父母配合良好才能最终达到效果，父母坚守教育策略的可能性才会高。

但在实际生活中，孩子成长的需要往往会被错误理解或者忽视，要么父母满足了孩子的需要，要么父母为了满足自己的需要而不顾孩子的感受，把成长的需要也抛之脑后。

三岁多的毛豆遇到的就是这种情况。他一个人在玩的时候，妈妈会问他：“我能离开吗？”询问三遍之后，毛豆回答“不能”。妈妈满足地留了下来。这个场景中，孩子需要的重点是自己能玩，三岁多的孩子通过“独立玩”能满足他的独立需要，而此时妈妈的需要是“孩子需要她”。所以，妈妈不断地询问不仅打扰了孩子的独立时间，也忽略了孩子独立的需要，但是却满足了自己。

毛豆的玩具很多，从功能上来说重复度极高。孩子肯定喜欢玩具多多，但是从孩子成长的需要来说，混乱的环境会让他在敏感期的秩序感需要无法满足，同时对他的注意力和专注度的培养也不利。而此时，父母认为玩具能让孩子开心，让孩子喜欢自己，那就买吧。此时，父母关注的是孩子喜欢自己的感受。

我们渴望被孩子需要，我们害怕孩子独立后不再愿意和我们在一起，我们害怕孩子不再黏着自己，不再软软地依偎在我们的怀里，于是我们用各种方式来阻止孩子的独立。基于这种内心需要而做出的决定是自私的，是把自己的需要放在首位。

我曾经遇到一个迫切想要孩子跳级的妈妈，那时孩子上三年级，成绩虽然出色但不足以跳级，但妈妈无论如何要求学校要答应自己的要求。我和妈妈聊完之后发现，原来她在单位境况不如意，所以她渴望通过孩子的出色表现让自己在同事面前恢复少许的尊严。这个案例是很多同类故事的代表，比如说让孩子学自己小时候喜欢但是没有机会做的事情，比如说受不了朋友们的压力让孩子参加学习班。我并不是反对孩子学东西，但是反对学东西是为了父母的需要。

在一次活动中，两个四年级的孩子发生冲突，我正在引导他们用合适的方式解决。突然，其中一个孩子的妈妈走过来带走自己的孩子。因为，她看见冲突中自己的孩子处于下风，作为母亲的她内心极其难受。她无法看到自己的孩子被欺负，她的这种行为是为了满足自己的需要。但是孩子会认为自己是一个逃兵，会被别的孩子看不起；而孩子成长的需要则应该是在冲突中提高自己解决问题的能力。对于十岁四年级的孩子来说，正是社交意识强烈的阶段，他们更重要的是学习如何与同伴相处，而不是逃开。

如果说判断孩子成长的需要是理性思维的结果，那么感受孩子的内心需要和体察自己内心的需要，则是情感和感性的结果。

在感性和理性的博弈之间，你会如何做选择？

《超级育儿师》第一季的所有家庭几乎都会面对这样的问题，我最重要的工作之一，就是帮助这些家庭的爸爸妈妈跳出父母的身份看自己，从浓厚的情感中抽离出来，客观冷静地去看待另外一个生命的成长和成长的需要。

不仅是父母，每一个教育者的最高境界也是如此。我们首先需要进入孩子的情感、父母的情感，其次需要从中剥离，最后又需要带着更纯粹的感情执行理性思考的结果。

我经常说的“狠狠爱”，就是这样。这个“狠”，是对自己的狠。

育儿小问答答案

B.父母需要提高陪伴质量。

兰海解析：父母对于孩子的价值，是永远无法替代的。陪伴孩子阅读一小时，远比虽然和孩子在同一个屋子里，却各干各的，能够给孩子带来更多的营养，所以提高陪伴质量，才是解决之道。

后记

对于现代父母最大的挑战是我们需要用自己毫无经验的方法去教我们的孩子。在我们成为父母之前没有人来对我们进行考核是否有资格孕育另外一个生命，这是我们人生中最大的责任。所以，父母需要知道如何才能成为合格的父母，这同样也是一个过程。

在数月的工作中，身边的工作伙伴们都在谈论教育，都在回忆和反思自己的成长。每个人都在自己的成长经历中感受着每一个孩子，在他们身上探索当年那个年少的自己。

每个人都会本能地用自己的成长经历去评价别人，这是对的，又是不对的。当我们能用自己的经历去评价别人时，请记住能引起的是情感的共鸣，能体会的是孩子的感受，但是我们绝对不能狭隘地用自己个人的经历去评价孩子成长中的得失。我们需要科学、客观和冷静地去分析和判断，同时热情和温暖地感受着每一个孩子。更多的时候，我们拥有后者，而缺乏前者。

我把自己放入每个家庭，理解他们面临的种种压力。但是理解不是核心，我需要做的是激发他们的改变，因为成年人更应该对自己的行为负责，承担改变的首要责任。家庭中的每个人都有自己的立场，对于我来说，只能站在孩子的立场去思考去判断，对于其他人的想法、苦衷，我知道，我理解，但，无法接受。

对于参与这个项目的每个机构每个人来说，无一例外地承担着社会责任。今天我仍然坚信，教育存在于生活的点滴之中，它绝对不仅仅是父母或教育者的事，而是每个人都在经历的事。我们每个人都在接受教育的过程中，又都在用自己的行为体现出某个阶段教育的成果。

教育就是影响的过程，接受影响和影响别人。所以，我们每个人都是某个教育阶段的结果，也都是教育者。

总有人问我到底什么是成功的教育。在我眼中，教育是不能用成功与否来定义的，教育应该是帮助每个孩子不断感受生命的美好，帮助他们逐渐释放生命的力量，并且获得幸福的能力。教育不应该是一个点、一个结果，而应该是一个过程，一个随着生命不断变化和成长的过程。

正因为是一个过程，所以这八个家庭的改变才刚刚开始。他们需要脱离了外界的帮助之后完成自己的成长，他们一定会遇到更大的困难，但是我深信这一次的改变让他们对未来充满信心。

我只是一个普通的教育工作者，大家看到的电视节目凝结了整个团队数十天的心血，改变看上去在一瞬间，实际上是一个过程，一个充满了勇气和挑战的过程。

我们需要关注的是发生改变的过程，而非仅仅是结果；需要关注的是产生问题的原因，而非仅仅是解决问题的方法。

毫无疑问，这半年我的收获最大。深入地了解八个家庭让我对中国教育的现状有了更全面更深刻的理解。这对于一个教育研究者来说是一笔无法衡量的财富，它让我知道中国的父母真正需要什么，他们的无助和脆弱。在中国教育这条艰难的道路上还有很远的路要走，很陡的山要爬。

还有一个更重要的收获就是能够和这样的一个国际化团队合作。团队成员来自美国、英国、新西兰和中国，中文和英文在剧组里同时使用。每一个成员都会维护所进入家庭的卫生，拍摄结束后会拆除设备恢复家庭原状。对细节的谨慎对品质的要求更是让我感受到职业态度在不同行业的展示，更重要的是，他们都爱孩子。

我对自己说，兰海，你真的是一个幸运的人，因为我找到了自己最喜欢做的事，而且还有能力把它做好。于我，《超级育儿师》并不是“拍摄”，而是得到机会如此近距离地走进八个不同的家庭。这是一份上天赐予我的厚礼，它充满挑战和压力，也让我有机会更深入地认识生命。

感谢Rebecca、Yang Xu，感谢夏老师、Sarah、Shimer、Jay、Rachel、青稞、Dash、梅力、Stefano、Yvonne、Terence、Bruce、David、Erik、Dalton、洪师傅、付师傅、义满、祖成、王斌、马可、安林、马强、小孟、杉杉、子安、Ashley！还有每天时刻和我一起的亲爱的李扬！还有很多我至今叫不出名字的后期剪辑师们！

没有你们的信任、支持和宽容，我无法走完这段充满挑战的旅程。

我向你们致敬！

因为有你们，才能让更多的家庭从这八个家庭改变的过程中学习到更多。

感谢雨鸿，感谢我所有的同事们！你们一直在配合我的时间和节奏，一直容忍由于我的缺席而导致的各种变化！大家辛苦了，特别是雨鸿，每次我看见你，都会求拥抱，因为这种不用说话的拥抱能融化我所有的委屈和难过，因为你最懂我，最包容我。

感谢所有的孩子，二十多岁的你们用各种渠道来给我加油，十多岁的你们默默关注不时给我一个表情，不到二十岁的你们叽叽喳喳地说个没完。还有不少吃醋的娃儿，我把这些酸都当成爱了。

感谢我的爸爸妈妈，因为你们，我才有机会来到这个世界开始一次未知的旅行；感谢你们的爱，让我有远行的自由和力量，以及可以随时获得温暖的家。

最后，我想最应该感谢的是这个时代，它让我们从不同的角度开始关注教育这个话题，不管是中央电视台、版权引进方IPCN、制作方八麟，还是ICS团队，我们都聚焦于教育。

一位摄像师说，我们就像结伴而行的团队，哪个家庭需要我们，我们就去往哪里。

是的，对于这个团队来说，我们承担的使命就是帮助家庭去改变。

现在，改变才刚刚开始。

未来，不是我们要去的地方，而是我们要去创造的地方。

我们一起，创造未来！

兰　海

2014年3月

第三季节目报名方式

有时他是可爱的小宝贝，人见人爱萌萌的；有时他是闹心的小魔鬼，作天作地好可怕！你家的小王子是否常常一秒钟变坏坏？你家的小公主是否常常一秒钟变怪怪？想要他们马上变乖乖，快来报名参加《超级育儿师》节目吧！

微信报名：

1. 关注超级育儿师官方微信：supernanny-ipcn
2. 发送消息“报名”
3. 填写收到的《超级育儿师》招募报名表

官网报名：

1. 登录超级育儿师官方网站：www.supernanny.cn
2. 点击导航栏“我要报名”
3. 填写《超级育儿师》招募报名表

报名咨询热线：

400-6390-180